Urbanité hybride
Entre forme urbaine traditionnelle et transition écologique

Hybrid Urbanity
Between traditional urban form and ecological transition

Birkhäuser Basel

Sommaire

Contents

Régénérer les territoires urbains

Raffael Graf, Stefan Graf
Emmanuel Rey, Yorick Ringeisen

À l'heure de l'urgence climatique et de la contraction des ressources disponibles, la nécessité de préserver les terres arables pour l'agriculture et de protéger les écosystèmes pour la biodiversité remet en question la poursuite de l'étalement urbain, qui engendre non seulement une consommation conséquente de sol, mais également des impacts environnementaux, des disparités socioculturelles et des coûts collectifs accrus. Face à ce constat, le projet architectural est amené à jouer un rôle central dans la recherche d'alternatives permettant de régénérer les territoires urbains, du centre-ville jusqu'aux lointaines franges de l'agglomération, de densifier habilement le bâti à proximité immédiate des transports publics et, plus largement, d'inscrire l'art de bâtir dans une dynamique de transition vers une société décarbonée. Emmanuel Rey (éd.), TRANSFORMATIONS. EPFL Press | PPUR, coffret, 2022.

Ce type de démarche représente un défi non seulement en termes de formalisation du projet, mais également de gestion des interactions entre de multiples acteurs publics, privés et associatifs.

Emmanuel Rey, «Synergies au service de la régénération urbaine». Les Cahiers d'Espace Suisse - Section romande, 2021, 1, pp. 22-25.

Dans le contexte d'un Ouest lausannois en pleine mutation, la création du quartier Oassis Concrétisation du plan de quartier «Lentillières Nord», le nouveau quartier a été baptisé Oassis, par combinaison du mot «oasis», comme lieu de fraîcheur et d'abondance, souvent dans un environnement difficile, auquel s'ajoutent les deux «s» du nom de la commune de Crissier. sur une ancienne friche industrielle de Crissier est le fruit d'une dynamique de projet ayant fédéré de nombreux acteurs autour d'une vision commune. Abritant initialement une centrale de distribution vétuste et obsolète, cœur d'un secteur d'activités artisanales et industrielles, le site présente l'atout stratégique de se trouver à proximité immédiate d'un futur arrêt d'une nouvelle ligne de bus à haut niveau de services (BHNS), qui va relier à terme les communes de l'ouest et de l'est de Lausanne, en passant par le centre-ville. Cette configuration favorable prédestine le lieu à accueillir une nouvelle polarité réunissant une mixité d'affectations.

Dès les premières esquisses, la nature particulièrement hétérogène de ses abords, de même que la temporalité incertaine du développement des secteurs avoisinants, ont encouragé la proposition d'un concept spatial à la fois fort au niveau morphologique et flexible au niveau fonctionnel, de sorte à conférer un caractère propre au nouveau quartier tout en ménageant des possibilités d'adaptation sur le temps long. Celui-ci repose sur la définition précise de cinq entités – trois îlots ouverts, un pôle tertiaire et un jardin public – liées par leurs fondements architecturaux, perméables aux réseaux de mobilité douce en cours de déploiement et interconnectées avec les différents maillages du territoire. En termes d'expression, les îlots mettent en scène un contraste explicite entre des façades extérieures au caractère minéral et des façades intérieures adoptant un caractère plus léger. Le concept du pôle tertiaire inverse pour sa part cette logique, le bâtiment étant très vitré à l'extérieur et organisé autour d'un atrium minéral en son cœur. La cohérence de l'ensemble repose sur la combinaison de thèmes transversaux et de variations spécifiques.

Jacques Lévy et Michel Lussault, Dictionnaire de la géographie et de l'espace des sociétés. Belin, Paris, 2003, p. 966.

Par leur morphologie et leur typologie, les différents édifices contribuent à définir des espaces publics et semi-publics consistant en une réinterprétation contemporaine d'un registre emprunté à l'histoire séculaire des villes. L'ensemble s'organise en particulier autour de trois types de jardins, le parc public au cœur du quartier, les cours-jardins et les jardins potagers en toiture. Au-delà des caractéristiques spatiales et physiques du bâti, le pari est ici celui de l'urbanité comprise au sens large, en d'autres termes cette « politesse des mœurs », qui perpétue l'idée de cohabitation, d'échange et de rencontre propres au milieu urbain et reconnaît l'importance de l'espace public comme réceptacle fertile de l'altérité, de la proximité et de l'aménité. Michel Lussault, « Urbanité », in Christophe Catsaros, « De l'urbanité au cœur de la non-ville périphérique ». Archistorm, 2021, 109, pp. 52-58.

Loin de toute nostalgie, la démarche s'inscrit simultanément dans une dynamique de transition écologique et de résilience climatique. Parallèlement aux atouts écologiques des espaces en pleine terre, végétalisés et arborisés, le nouveau quartier intègre de multiples dimensions liées à la gestion écologique des eaux pluviales, aux réseaux de mobilité douce, à l'efficience énergétique des bâtiments ou à l'intégration des énergies renouvelables, tant pour la chaleur (chauffage à distance à biomasse) que pour l'électricité (microgrid alliant un réseau local et une production photovoltaïque sur les toitures).

La concrétisation et le renforcement des intentions initiales n'auraient pas été possibles sans l'engagement et l'abnégation d'un grand nombre d'acteurs, de la planification territoriale jusqu'aux processus opérationnels du chantier, de la vision urbaine jusqu'à la conception architecturale, de la maîtrise d'ouvrage – privée et publique – jusqu'à la création d'une association de quartier. La réussite d'une telle démarche repose en effet sur l'émergence d'une véritable dynamique de projet, à même de créer un esprit de partenariat, en intention et en acte, et de maintenir un certain « feu sacré » pour affronter la complexité inhérente à la fabrique de la ville aujourd'hui. Seule une telle dynamique peut favoriser la recherche constante de synergies multi-acteurs et l'émergence de processus créatifs et coopératifs, en mêlant des logiques de continuité, de souplesse, de validation et d'itération.

C'est donc dans un esprit de gratitude que s'est échafaudée l'idée du présent ouvrage, nourri de l'expertise du professeur Bruno Marchand, mis en forme par Chris Gautschi et enrichi des regards croisés des photographes Yves André, Tonatiuh Ambrosetti et Beat Schweizer. Mettant en lumière la transformation sur une décennie d'une friche industrielle en nouveau quartier, il se compose de trois parties livrant des considérations complémentaires sur la création de ce « fragment de ville ». La première se concentre sur les processus de planification en amont du démarrage des travaux, qui ont posé les principaux jalons de cette mutation urbaine. La deuxième présente les différentes composantes architecturales du nouveau quartier. Enfin, deux ans après la fin des travaux, la troisième permet de découvrir des scènes de la vie quotidienne, captées sur le vif à différents moments de la journée.

Regenerating urban areas

Raffael Graf, Stefan Graf
Emmanuel Rey, Yorick Ringeisen

At a time of climate crisis and shrinking available resources, the need to preserve arable land for agriculture and protect ecosystems for biodiversity calls into question the phenomenon of urban sprawl, which not only consumes considerable amounts of land, but also brings with it environmental impacts, socio-cultural disparities and increased community costs. Faced with this situation, architectural design is called upon to play a central role in the search for alternative ways to regenerate urban areas, from the city center to the outskirts of the conurbation, to skillfully densify buildings in close proximity to public transport and, more broadly, to make the art of building part of the transition to a low-carbon society. Emmanuel Rey (ed.), TRANSFORMATIONS. EPFL Press | PPUR, boxed set, 2022. This type of approach represents a challenge not only in terms of formalizing the project, but also of managing the interactions between multiple public, private and community players. Emmanuel Rey, "SYNERGIES FOR URBAN REGENERATION." LES CAHIERS D'ESPACE SUISSE – SECTION ROMANDE, 2021, 1, pp. 22-25

In the context of the rapidly changing West Lausanne region, the creation of the Oassis Under the Lentillières Nord neighborhood plan, the new district has been named Oassis, a combination of the word "oasis", as a place of freshness and abundance, often in a difficult environment, and the two "s" in the name of the municipality of Crissier. development on a former industrial wasteland in Crissier is the fruit of a dynamic project that has brought together numerous players around a common vision. Initially occupied by a dilapidated and obsolete distribution center, at the heart of a sector of artisanal and industrial activities, the site has the strategic advantage of being in the immediate vicinity of a future station for a new rapid transit bus line (BHNS – bus à haut niveau de services), which will eventually link the western and eastern communes of Lausanne via the city center. This favorable configuration predestines the site to host a new mixed-use hub.

From the earliest sketches onward, the particularly heterogeneous nature of the surrounding area, as well as the uncertain timing of development in neighboring sectors, encouraged the proposal of a spatial concept that was both morphologically strong and functionally flexible, so as to give the new district its own character while allowing for adaptation over the long term. The concept is based on the precise definition of five entities – three open blocks, a service hub and a public garden – linked by their architectural fundamentals, with access to the developing cycle and pedestrian mobility networks and to various local transport networks. In terms of expression, the blocks feature an explicit contrast between the exterior facades' mineral character, and the lighter character of the interior facades. This logic is reversed in the concept of the service hub, which is largely glazed on the outside and organized around a mineral atrium at its heart. The coherence of the whole is based on a combination of transversal themes and specific variations.

Christophe Catsaros, "De l'urbanité au cœur de la non-ville périphérique," ARCHISTORM, 2021, 109, pp. 52-58.

Through their morphology and typology, the various buildings help to define public and semi-public spaces that are a contemporary reinterpretation of a form borrowed from the centuries-old history of cities. In particular, the ensemble is organized around three types of gardens: the public park at the heart of the district, the courtyard gardens and the roof gardens. Beyond the spatial and physical characteristics of the buildings, the challenge here is that of urbanity understood in the broadest sense, in other words "social intercommunication", which perpetuates the idea of cohabitation, exchange and encounter specific to the urban environment and recognizes the importance of public space as a fertile receptacle of diversity, proximity and amenity.

Michel Lussault, "Urbanité," in Jacques Lévy and Michel Lussault, Dictionnaire de la géographie et de l'espace des sociétés, Belin, Paris, 2003, p. 966.

Far from being nostalgic, the approach is simultaneously part of a dynamic of ecological transition and climate resilience. In addition to the ecological benefits of open spaces, plants and trees, the new district integrates multiple dimensions. These are linked to the ecological management of rainwater, pedestrian and bicycle mobility networks, the energy efficiency of buildings and the integration of renewable energies, both for heat (biomass district heating) and electricity (microgrid combining a local network and photovoltaic production on roofs).

The realization and reinforcement of the initial intentions would not have been possible without the commitment and self-sacrifice of a large number of players, from territorial planning to the operational processes on site, from the urban vision to the architectural design, from the contracting authority – private and public – to the creation of a neighborhood association. The success of such an approach depends on the emergence of a genuine project dynamic, capable of creating a spirit of partnership, in intention and in deed, and of maintaining a certain "sacred fire" to confront the complexity inherent in the making of today's city. Only such a dynamic can foster the constant search for multi-stakeholder synergies and the emergence of creative, cooperative processes, blending the logics of continuity, flexibility, validation and iteration.

It was in a spirit of gratitude, therefore, that the idea for the present book was conceived, drawing on the expertise of Professor Bruno Marchand, edited by Chris Gautschi and enriched by the intersecting views of photographers Yves André, Tonatiuh Ambrosetti and Beat Schweizer. Highlighting the decade-long transformation of a brownfield site into a new district, it is divided into three parts, each offering complementary considerations on the creation of this "city fragment". The first focuses on the planning processes prior to the start of construction, which laid the groundwork for this urban transformation. The second presents the various architectural components of the new neighborhood. Finally, two years after the work was completed, the third shows scenes of daily life, captured on the spot at different times of the day.

1.

L'Ouest lausannois, photographié ici en janvier 2011, est particulièrement représentatif des territoires urbains se situant dans les couronnes des agglomérations helvétiques. Sa nature hétérogène se caractérise notamment par une juxtaposition de composantes résidentielles, industrielles, commerciales ou infrastructurelles. Partie intégrante de ce paysage hétéroclite, le site des « Lentillières Nord », sur lequel s'est développé le quartier Oassis, est alors une friche urbaine située en limite amont de la zone industrielle.

Western Lausanne, photographed here in January 2011, is particularly representative of the urban areas found at the outer edges of Swiss conurbations. Its heterogeneous nature is characterized by a juxtaposition of residential, industrial, commercial and infrastructure components. An integral part of this heterogeneous landscape, the "Lentillières Nord" site, on which the Oassis district has developed, is an urban wasteland located at the upstream limit of the industrial zone.

2.

Cartes historiques de l'Ouest lausannois en 1873, 1894, 1934 et 1945 qui montrent le caractère prioritairement agricole de ce vaste territoire jusqu'à la seconde moitié du 20e siècle.

Historical maps of western Lausanne in 1873, 1894, 1934 and 1945 showing the predominantly agricultural nature of this vast territory until the second half of the 20th century.

1873

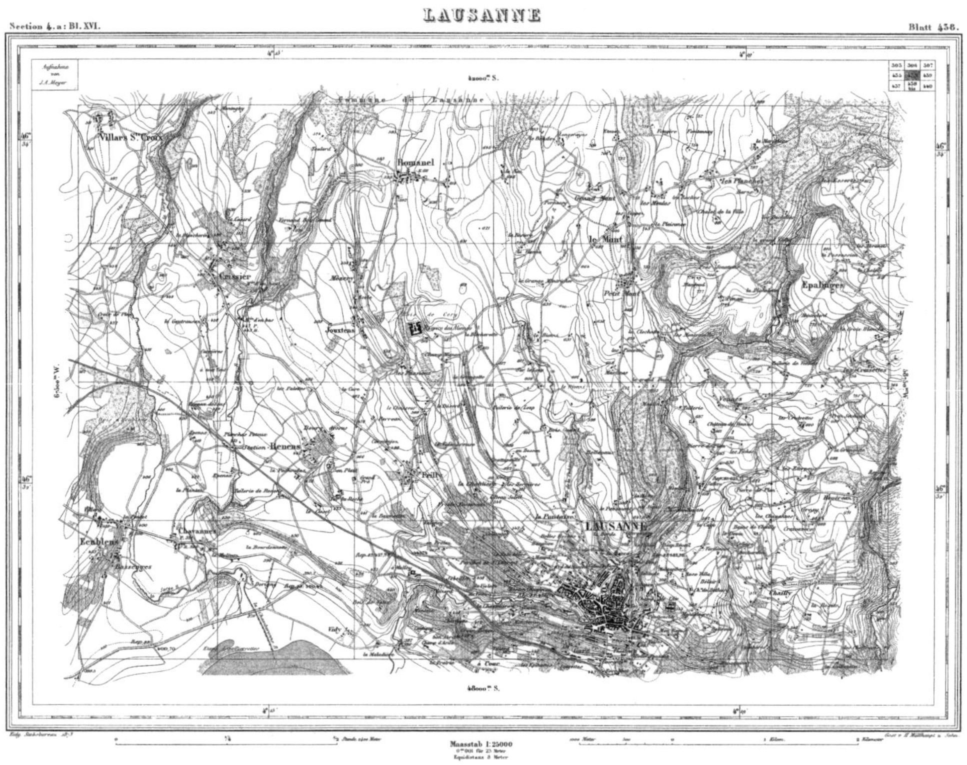

1894

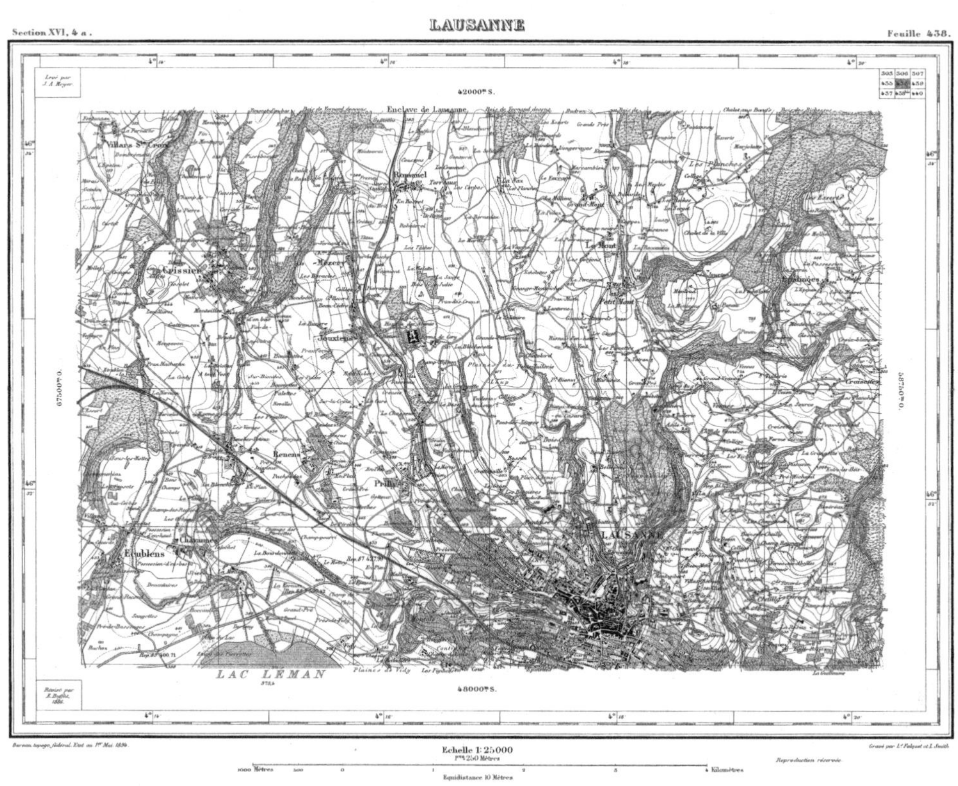

Antériorité et processus

Repères historiques

Les quelques repères historiques ci-après, basés sur une analyse réalisée par Nadja Maillard à partir de la consultation de cartes historiques et des archives de la Police des constructions de la Commune de Crissier, donnent des indications précieuses sur la nature des lieux jusqu'au démarrage du processus ayant conduit à l'édification du quartier Oassis sur le site des « Lentillières Nord ».

19e siècle

Les plans historiques mettent en évidence que le village de Crissier est une localité regroupée autour de ses axes de voirie. Pendant des siècles, toutes les surfaces des alentours sont agricoles et constituées notamment de prés, vergers et autres champs dédiés au maraîchage. Le toponyme « Lentillières », qui désigne un champ de lentilles, est clairement perceptible à partir du plan de 1754.

La lecture des différentes cartes montre un développement urbain relativement modéré dans les communes de l'Ouest lausannois au cours du 19e siècle. Les différents lieux-dits, dont celui des Lentillières, sont marqués pour la plupart par la poursuite d'activités de nature essentiellement agricole.

20e siècle

À partir des années 1930, l'urbanisation est en marche et marque le démarrage de la conquête urbaine des territoires situés à l'ouest de la capitale vaudoise. Des noyaux de constructions apparaissent à l'intersection des routes, mais le développement urbain demeure encore assez localisé jusqu'à la fin des années 1940.

La bascule de l'agriculture aux activités industrielles se fait au moment du plan d'extension de 1952 et de l'arrivée de l'autoroute liée à l'exposition nationale suisse de 1964, couramment appelée « Expo 64 ». L'urbanisation ne prolonge pas directement celle de la ville de Lausanne, en raison du maintien de vastes espaces encore libres de constructions, ce qui crée des discontinuités.

Durant plusieurs décennies, les communes comme Crissier connaissent les enjeux d'aménagement les plus brûlants à cette époque. Situées à proximité de Lausanne, mais disposant encore de vastes surfaces constructibles souvent déjà partiellement légalisées, elles sont soumises à de fortes pressions pour accueillir des logements collectifs, des quartiers de maisons individuelles et des entreprises industrielles ou commerciales, qui cherchent à s'implanter à proximité des localités et des nœuds autoroutiers.

L'évolution du site des « Lentillières Nord » se trouve lui-même au cœur de cette grande mutation territoriale. En 1957, Willy Beyeler fait l'acquisition du terrain pour la construction d'un atelier constructions métalliques, agrandi par la suite en plusieurs étapes, notamment par des extensions en 1959, 1963 et 1964. Comme la plupart des sites industriels, le terrain accueille progressivement d'autres locaux annexes, bureaux, quais et couverts.

À la fin des années 1980, le site change de vocation et passe en mains de COOP Lausanne-Chablais valaisan, une importante société coopérative dédiée à la grande distribution, pour y implanter les dépôts d'une de ses centrales de distribution. De nouveaux quais de déchargement contribuent à l'adaptation logistique des lieux.

21e siècle

En 2003–2004, la commune de Crissier se dote d'une vision conjointe du développement urbain à long terme, à travers l'adoption du Schéma Directeur Ouest Lausannois (SDOL). Ce « projet de territoire », qui donne une vision de l'aménagement urbain à long terme pour huit communes de l'Ouest lausannois, pose les premiers jalons d'un vaste processus de régénération urbaine et paysagère.

La commune de Crissier fait également partie depuis juin 2012 du périmètre compact de l'agglomération Lausanne-Morges (PALM). Le périmètre des « Lentillières Nord » est compris plus particulièrement dans le site d'intérêt cantonal Vernie-Crissier. Ce type de sites a pour vocation d'accueillir un nombre important d'emplois et d'habitants, notamment en raison de leur excellente accessibilité actuelle et future. Par ailleurs, le secteur de Vernie-Crissier fait partie des sites stratégiques d'intérêt cantonal de la politique des pôles de développement (PPDE).

Parallèlement à ces processus à l'échelle territoriale, le site voit les activités de la centrale de distribution transférées en d'autres lieux. Entrant dans un statut de friche industrielle, il accueille dès lors des fonctions à caractère transitoire : la halle de stockage est en particulier transformée en garde-meubles dès 2007.

Au début des années 2010, le rachat des lieux par Patrimonium et le projet d'une nouvelle ligne de bus à haut niveau de services (BHNS) génèrent la perspective de sa reconversion en quartier mixte. Après quelques contacts préliminaires, un protocole d'accord est signé entre l'investisseur, la Commune de Crissier et le Canton de Vaud, de sorte à assurer une prise en compte des expectatives réciproques et de poser les bases d'une collaboration entre l'économie privée et le secteur public. Dans cet accord initial figurent des principes généraux relatifs au développement du futur quartier, à l'organisation d'un concours de projets, sous la forme de mandats d'étude parallèles (MEP) en deux tours sur invitation, et aux modalités de financement des équipements communautaires et techniques.

Anteriority and process

Historical landmarks

Based on an analysis by Nadja Maillard of historical maps and the archives of the Commune of Crissier's Building Authority, the following historical landmarks provide valuable insights into the nature of the area up to the start of the process that led to the construction of the Oassis neighborhood on the Lentillières Nord site.

19th century

Historical maps show that the village of Crissier was grouped around its main roads. For centuries, the entire surrounding area was farmland, with meadows, orchards and other fields dedicated to market gardening. The toponym "Lentillières," referring to a lentil field, is clearly visible on the 1754 map.

The various maps show relatively moderate urban development in the communes of western Lausanne over the course of the 19th century. The various localities, including Les Lentillières, are mostly characterized by the continuation of essentially agricultural activities.

20th century

From the 1930s onwards, urbanization was underway, marking the start of the urban conquest of the areas to the west of Vaud's capital. Building concentrations appeared at road junctions, but urban development remained fairly localized until the late 1940s.

The shift from agricultural to industrial activities occurred with the 1952 expansion plan and the arrival of the highway linked to the 1964 Swiss National Exhibition, commonly known as Expo 64. Urbanization was not a direct extension of that of Lausanne, as large areas of land remained undeveloped, creating discontinuities.

For several decades, communities such as Crissier experienced the most pressing development issues of the period. Located close to Lausanne, but still benefiting from vast areas of suitable land, partly approved for building, they were subject to strong pressure to accommodate apartment buildings, estates of detached housing, and industrial or commercial companies seeking to locate close to towns and highway junctions.

The development of the Lentillières Nord site itself lies at the heart of this great territorial transformation. In 1957, Willy Beyeler acquired the land for the construction of a steel construction workshop, which was subsequently enlarged in several stages, including extensions in 1959, 1963 and 1964. As is the case with most industrial sites, the site was gradually extended to include other ancillary premises, offices, loading bays and warehouses.

At the end of the 1980s, the site underwent a change of function after coming into the hands of the Lausanne-Chablais Valaisan COOP, a major cooperative focused on mass retailing, which used it for the warehouses of one of its distribution centers. New loading bays contributed to the site's logistical adaptation.

21st century

In 2003–4, the commune of Crissier adopted a joint vision of long-term urban development with the West Lausanne development directive ("Schéma Directeur Ouest Lausannois – SDOL"). This "projet de territoire" which set out a vision of long-term urban development for eight communes to the west of Lausanne, laid the groundwork for a vast process of urban and landscape regeneration.

Since June 2012, the commune of Crissier has also been part of the perimeter of the Lausanne-Morges agglomeration (PALM). The Lentillières Nord perimeter is part of the Vernie-Crissier site of cantonal interest. This type of site is destined to attract a large number of jobs and residents, not least because of its excellent current and future accessibility. In addition, the Vernie-Crissier sector is one of the strategic sites of cantonal interest under the development zone policy (PPDE).

In parallel with these regional processes, the activities of the COOP distribution center were transferred to other locations. As a result, the site became a brownfield site with a number of transitional functions; in particular, the COOP warehouse was converted into a furniture storage facility in 2007.

In the early 2010s, Patrimonium's acquisition of the site and plans for a new bus rapid transit line (BHNS) raised the prospect of its conversion into a mixed-use district. After some preliminary contacts, a memorandum of understanding was signed between the investor, the Commune of Crissier and the Canton de Vaud, to ensure that mutual expectations were taken into account and to lay the foundations for collaboration between public and private sectors. The initial agreement set out general principles for the development of the future district, the organization of a project competition in the form of a two-round, invitation-only, parallel study mandate (MEP), and the financing of community and technical facilities.

1934

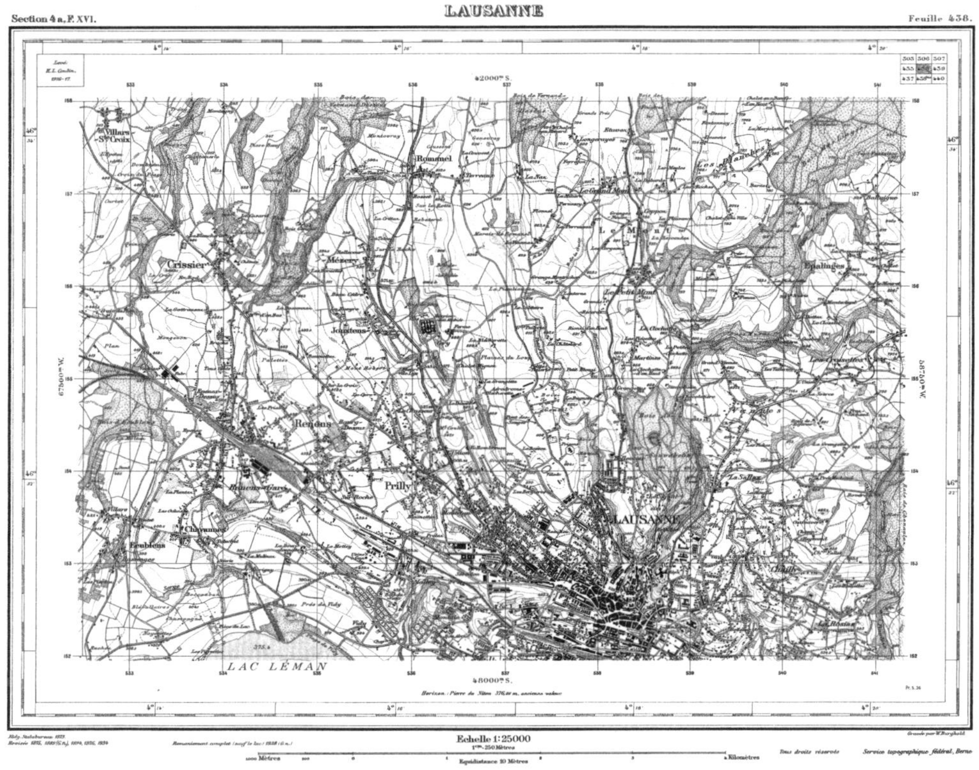
Section 4 a, F. XVI.
LAUSANNE
Feuille 438.
LAC LÉMAN
Echelle 1:25000
Equidistance 10 Mètres

1945

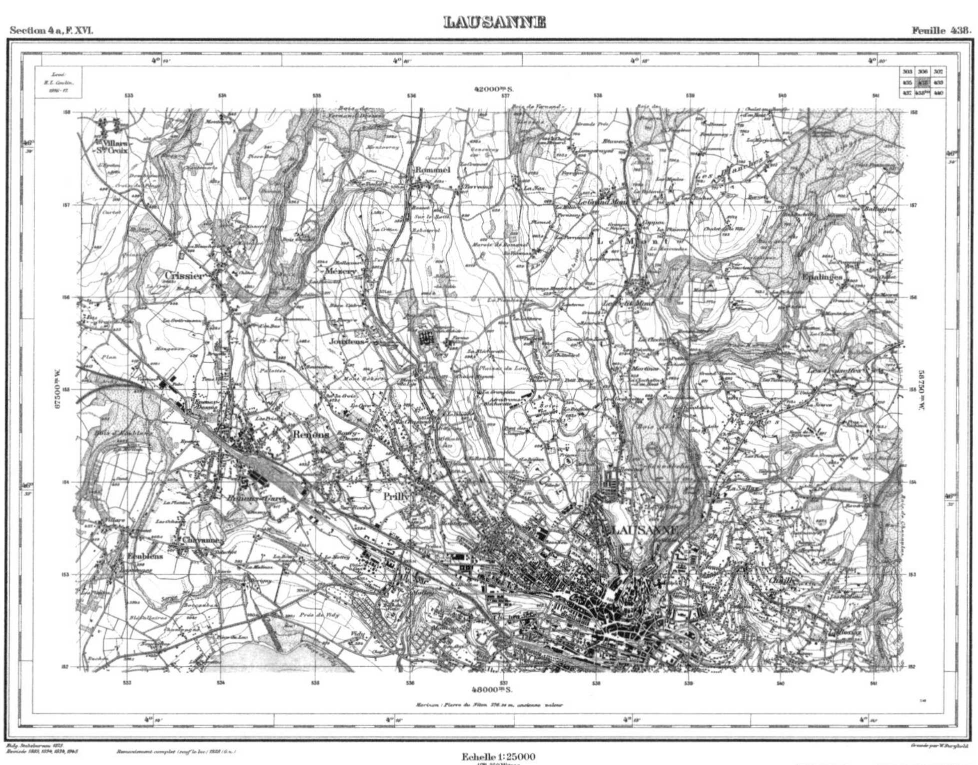
Section 4 a, F. XVI.
LAUSANNE
Feuille 438.
Echelle 1:25000
Equidistance 10 Mètres

3\.

Ces vues du site avant le démarrage du processus de reconversion mettent en évidence la fin des activités de la centrale de distribution et l'occupation partielle de la halle de stockage par des affectations à caractère transitoire.

Views of the site before the start of the conversion process, showing the end of activities at the distribution center and the partial occupation of the storage hall by transitional uses.

4.

Les lignes directrices émises pour la zone d'activités de Vernie Feddersen & Klostermann | mrs partner | Topos urbanisme, «Une nouvelle vision pour Crissier et la zone d'activités de la Vernie». Rapport d'étude à l'attention de la Municipalité, octobre 2011. soulignent la nécessité de créer de nouveaux liens. Situé en bordure nord du secteur Vernie, le site dispose d'une grande visibilité à l'entrée de la commune de Crissier et se voit identifié comme un site stratégique.

The guidelines issued for the Vernie Feddersen & Klostermann | mrs partner | Topos urbanisme, "Une nouvelle vision pour Crissier et la zone d'activités de la Vernie". Study report for the Municipality, October 2011. business park emphasize the need to create new links. Located on the northern edge of the Vernie sector, the site is highly visible at the entrance to the commune of Crissier and has been identified as a strategic site.

5. Maquette du projet « Côté jardins », lauréat des mandats d'étude parallèles (MEP) organisés en 2012–2013, Mandats d'étude parallèles Lentillières Nord-Crissier, « Un quartier côté jardins ». Rapport du collège d'experts, Bureau du Schéma directeur de l'Ouest lausannois, Renens, janvier 2013. mettant notamment en évidence la morphologie des îlots semi-ouverts et l'articulation des différents espaces communs et publics.

Model of the "Côté jardins" project, winner of the parallel study mandates (MEP) organized in 2012–2013, Mandats d'étude parallèles Lentillières Nord-Crissier, "Un quartier côté jardins". Rapport du collège d'experts, Bureau du Schéma directeur de l'Ouest lausannois, Renens, January 2013. highlighting in particular the morphology of the semi-open blocks and the articulation of the various common and public spaces.

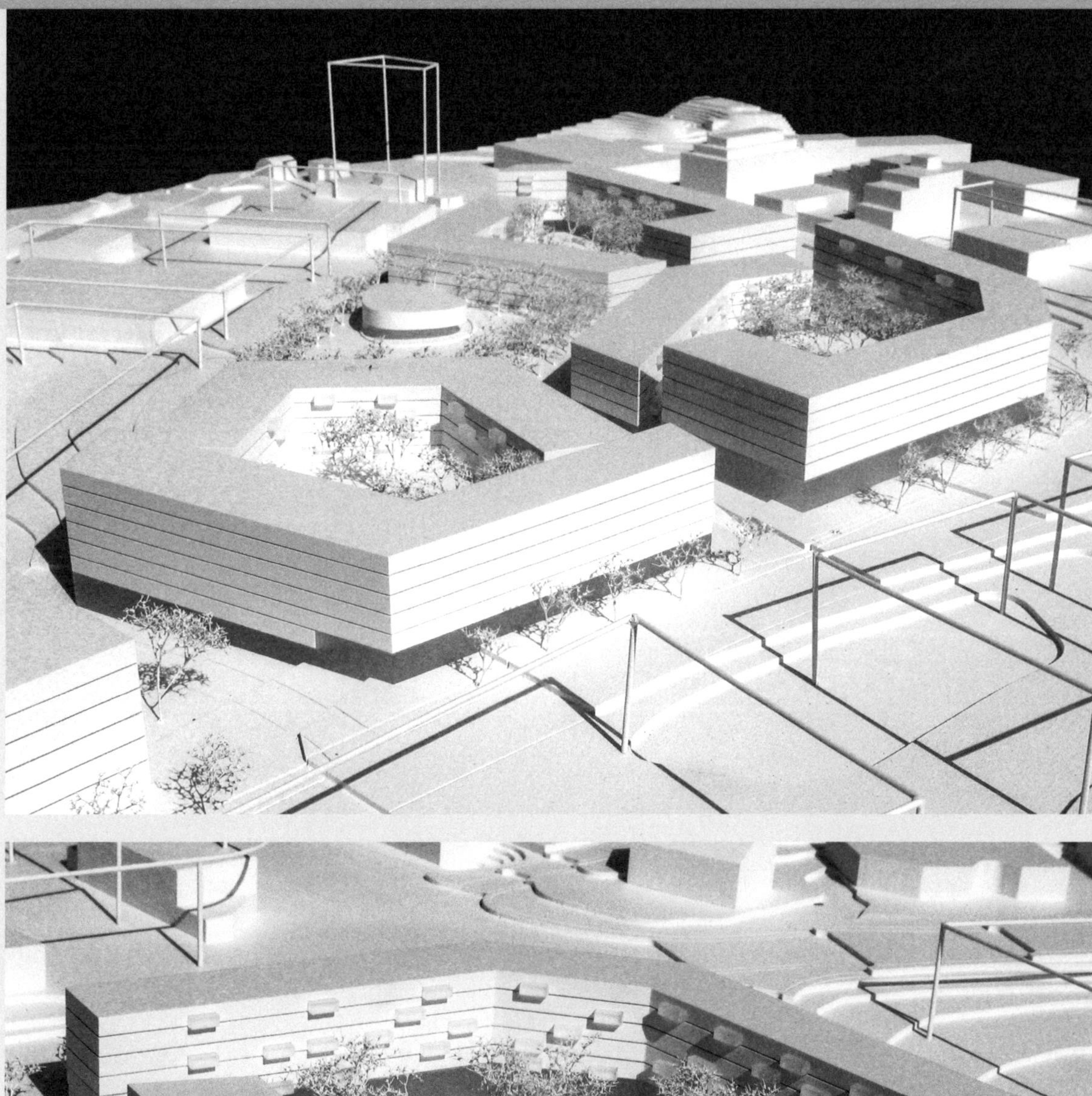

6. Visualisations du projet « Côté jardins », qui mettent en évidence le principe d'un contraste expressif entre les façades extérieures et intérieures des îlots semi-ouverts.

Visualizations of the "Côté jardins" project, highlighting the principle of expressive contrast between the exterior and interior facades of the semi-open blocks.

7.

Plan du projet « Côté jardins », qui montre la cohérence du parti proposé pour l'ensemble du site.

Plan based on the "Côté jardins" project, showing the coherence of the proposed design for the entire site.

8. Coupes du projet « Côté jardins », qui montrent l'ampleur des espaces de pleine terre favorisant la végétalisation et l'arborisation du futur quartier.

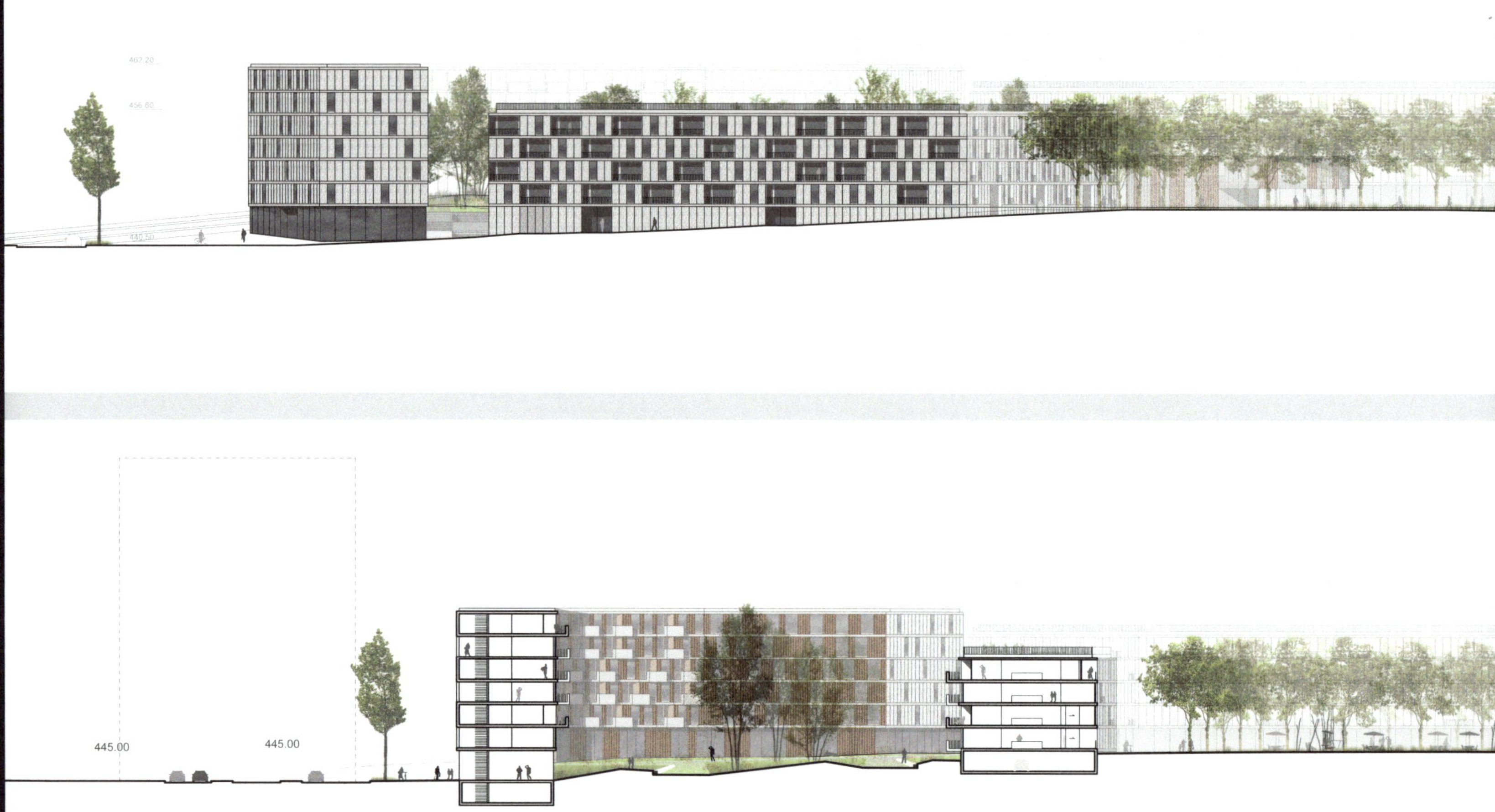

Cross-sections of the "Côté jardins" project, showing the extent of the open spaces that will encourage the planting of trees and vegetation in the future neighborhood.

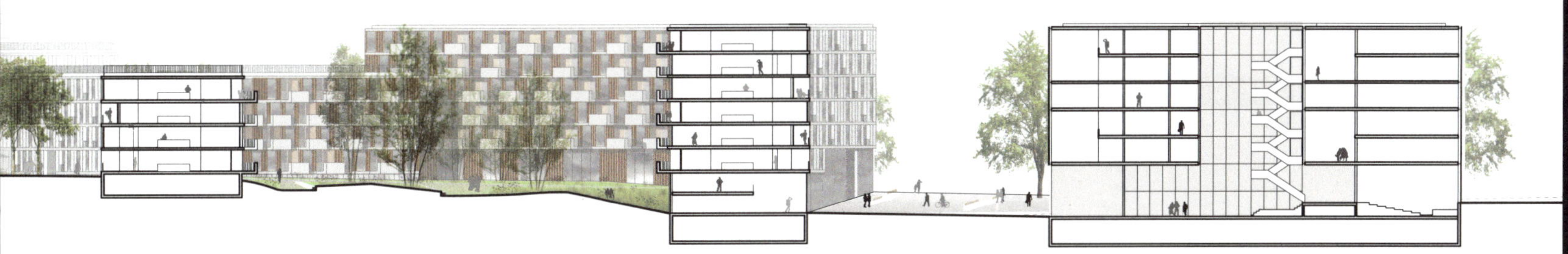

9.

L'étude des apports solaires du futur quartier a contribué à en définir la morphologie, de sorte à les maximiser en hiver et à les limiter en été. Trois simulations, dont le point de vue est celui du soleil, permettent de visualiser la situation du quartier à midi pour trois jours représentatifs de l'année : 21 décembre (solstice d'hiver), 21 mars (équinoxe) et 21 juin (solstice d'été). En hiver, l'ensemble des façades exposées au sud sont au soleil et ne subissent pas l'ombrage des autres volumes, ce qui permet de limiter la demande énergétique de chauffage. Les toitures offrent par ailleurs de très bonnes conditions, tant pour la valorisation de l'énergie photovoltaïque que pour l'aménagement des potagers urbains.

The study of the future district's solar gains helped define its morphology, so as to maximize them in winter and limit them in summer. Three simulations, viewed from the sun's perspective, show the neighborhood's situation at midday on three representative days of the year: December 21 (winter solstice), March 21 (equinox) and June 21 (summer solstice). In winter, all south-facing facades are bathed in sunlight and not shaded by the other volumes, thus limiting energy demand for heating. The roofs also offer excellent conditions for both photovoltaic energy and urban vegetable gardening.

Tracé d'ensoleillement 21 décembre à 12h — Sunlight pattern 21 of Dec. at 12 am

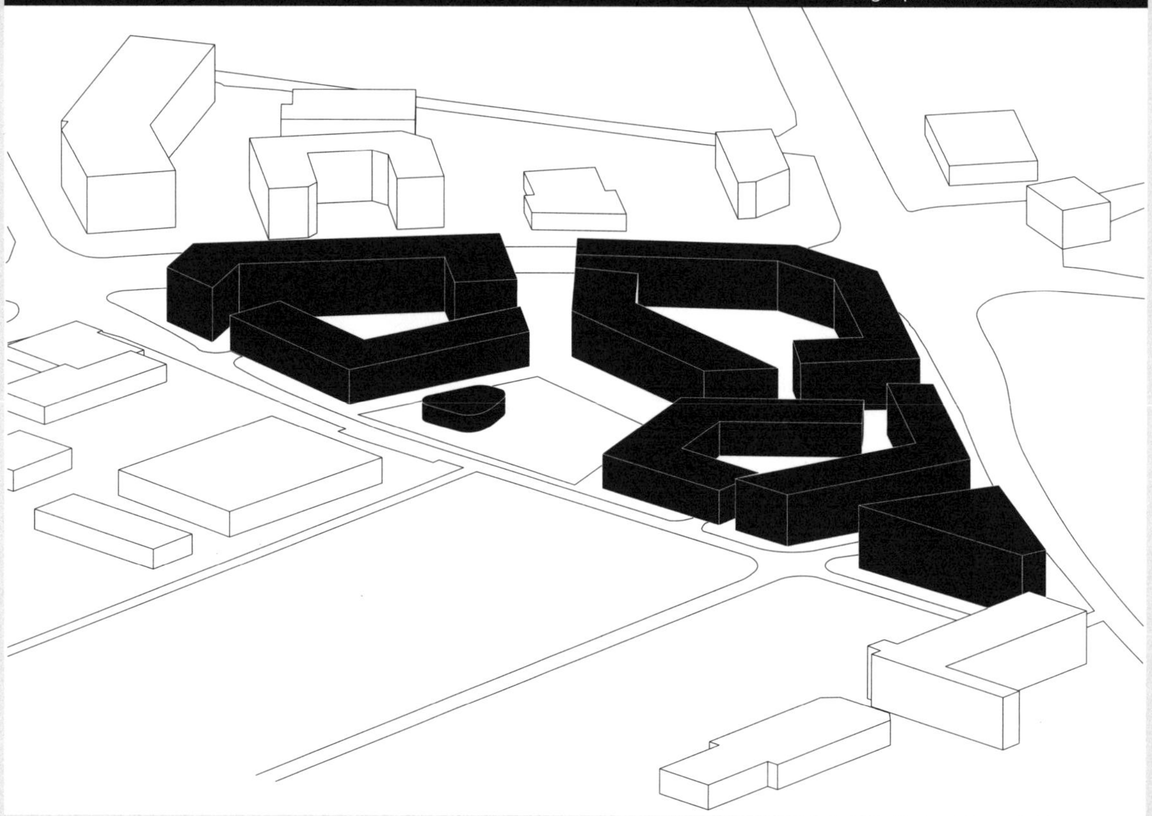

Tracé d'ensoleillement 21 mars à 12h — Sunlight pattern 21 of March at 12 am

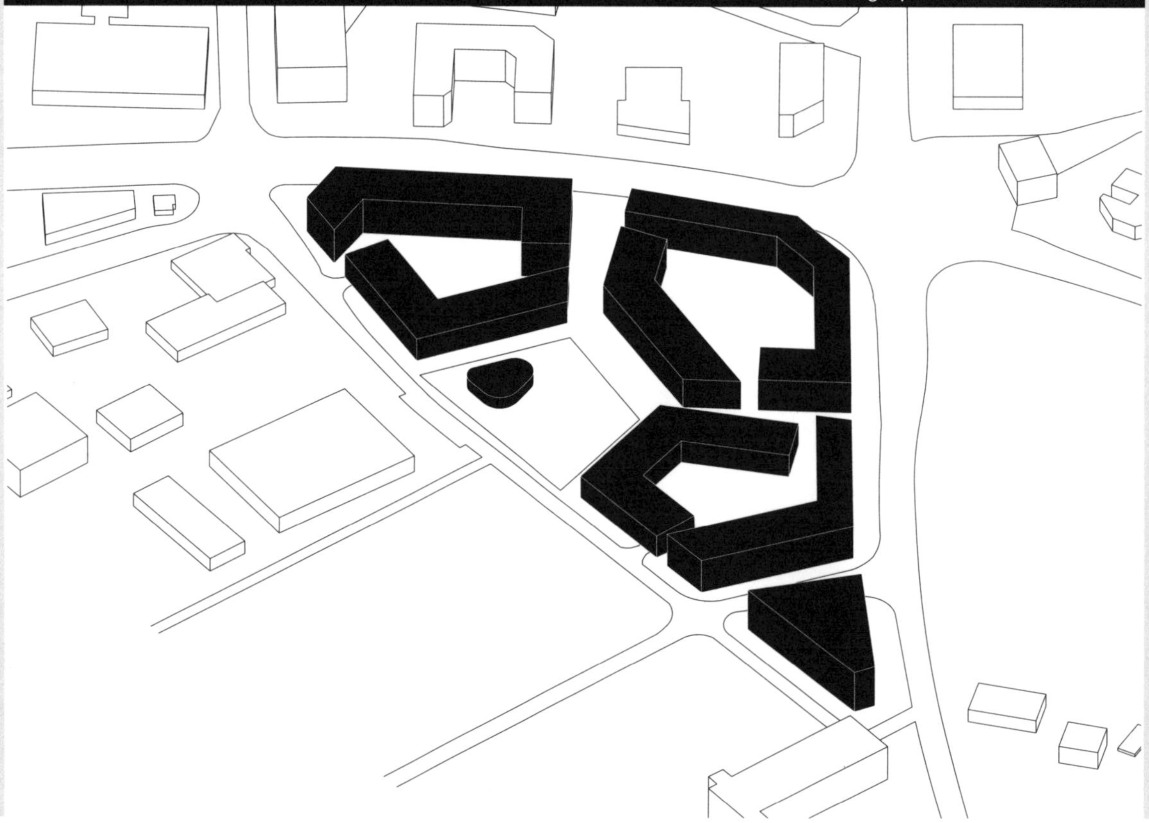

Tracé d'ensoleillement 21 juin à 12h

Sunlight pattern 21 of June at 12 am

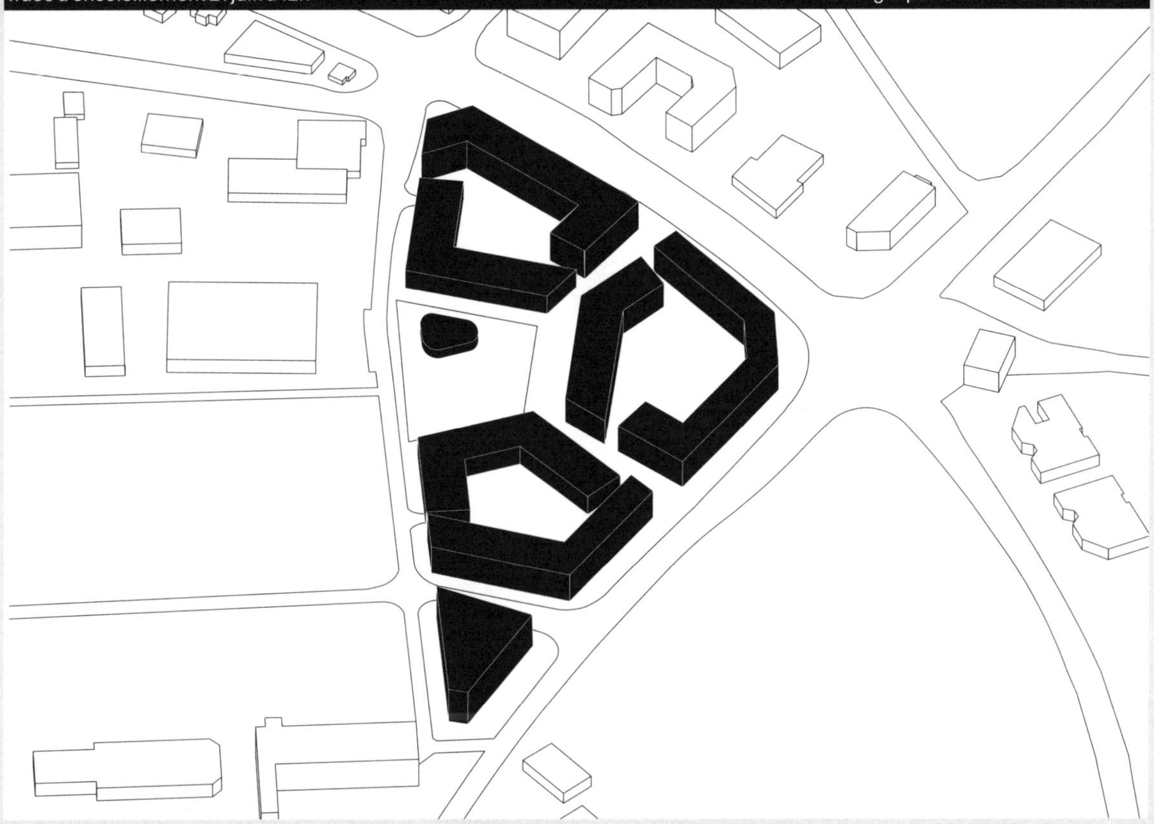

10.

L'organisation des bâtiments du projet « Côté jardins » permet de gérer les immissions sonores induites par le trafic motorisé longeant le site au nord et à l'est. Par leur hauteur plus importante, leur profondeur limitée et leur typologie spécifique, les bâtiments situés le long des routes forment un écran contre le bruit et intègrent une isolation phonique renforcée. Grâce à cette implantation spécifique, le bruit routier est ainsi considérablement réduit au cœur du quartier.

The organization of the buildings in the "Côté jardins" project makes it possible to manage noise emissions induced by motorized traffic running along the site to the north and east. By virtue of their greater height, limited depth and specific typology, the buildings located along the roads form a screen against noise and incorporate reinforced sound insulation. Thanks to this specific layout, road noise is considerably reduced at the heart of the development.

11. Plan de quartier élaboré sur la base du projet « Côté jardins », qui définit des règles d'implantation claires et fortes, tout en préservant certaines marges de manœuvre ciblées pour répondre à d'éventuelles évolutions d'ordre programmatique.

Neighborhood plan based on the "Côté jardins" project, which defines clear and strong siting rules, while preserving some targeted room for maneuver to respond to possible program changes.

12.

Proximité

A Lentillières Nord
B Lentillières Sud
(a) Passerelle
(b) En Chise
-→ Des liaisons piétonnes prévues dans le PALM 2012 à assurer
IIII Des passages pour piétons à créer

Proximity

1. MMM
2. Poste | Administration communale
3. Terrain de sport
4. Crissier-Village
5. Léman-Centre
6. Mediamarkt
7. Ley-Outre
8. Arrêt TP Lignes 13-32-BHNS (1re étape)
9. Collège

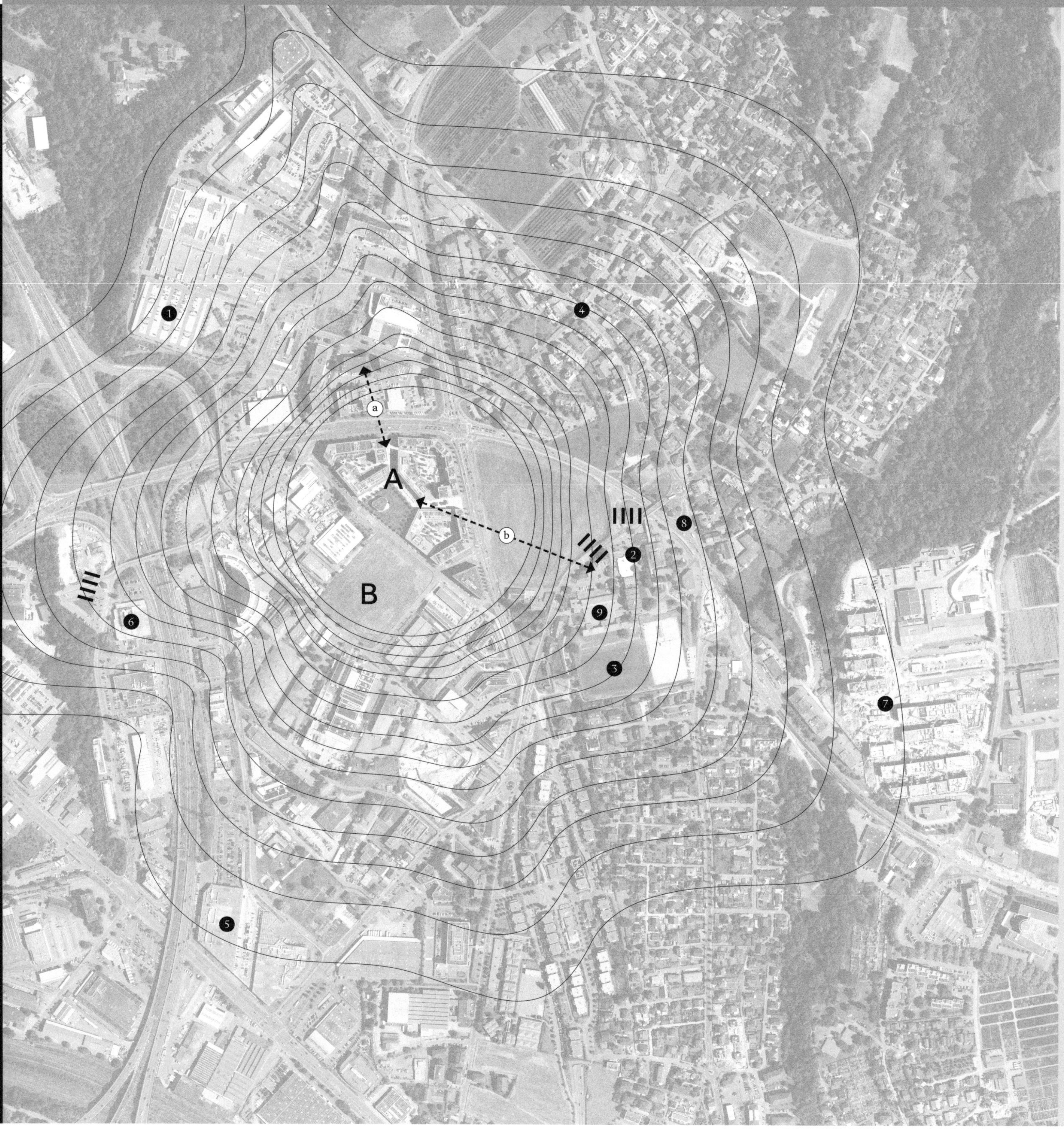

Piéton | Pedestrian

1. MMM
2. Poste | Administration communale
3. Terrain de sport
4. Crissier village | Arrêt TP
5. Mediamarkt
6. Léman-Centre
7. Ley-Outre

Vélo | Bicycle

1. MMM
2. Poste | Administration communale | Terrains de sport
3. Crissier-Village | Arrêt 18-32-BHNS
4. Léman-Centre | Ley-Outre
5. Renens-Gare
6. Bussigny
7. Prilly
8. Hautes Écoles

Probabilité de marcher **Probability of walking**

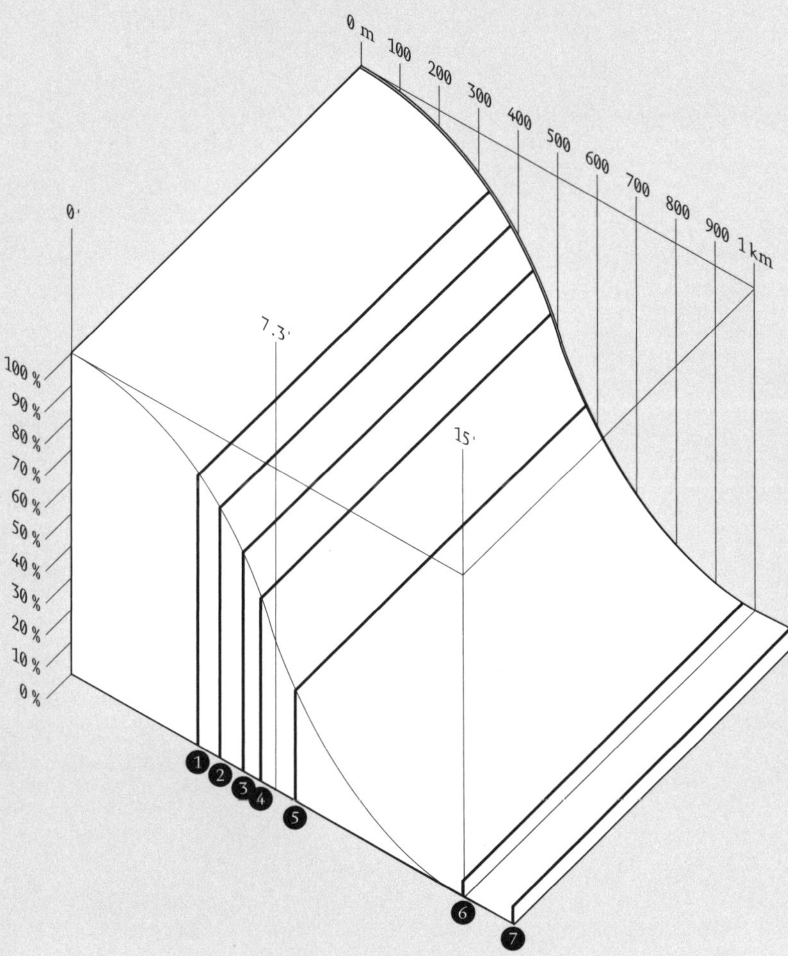

Probabilité d'utiliser un vélo **Probability of cycling**

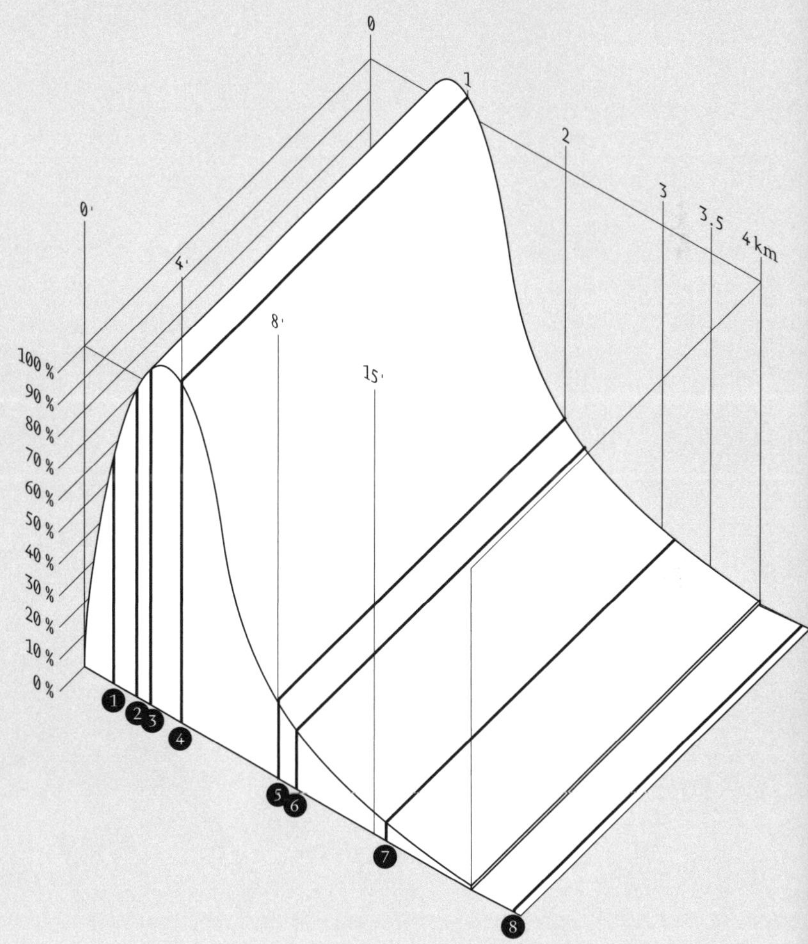

Étude d'accessibilité du site, qui met en évidence les multiples potentialités de connexion du quartier en matière de transports publics et de réseaux de mobilité douce.

Site accessibility study, highlighting the district's many potential connections to public transport, pedestrian and cycle networks.

13. Visualisations de l'évolution du site depuis sa situation de friche industrielle jusqu'à celle de nouveau quartier mixte réaménagé selon les principes du plan de quartier, avec la mise en évidence du concept de toitures actives dédiées au maraîchage urbain et au captage solaire.

Visualizations of the site's evolution from industrial wasteland to a new mixed-use district redeveloped in accordance with the principles of the neighborhood plan, highlighting the concept of active roofs dedicated to urban market gardening and solar capture.

14. Axonométrie du projet « Côté jardins », qui met en évidence le principe d'un contraste expressif entre les façades extérieures et intérieures des îlots semi-ouverts.

Axonometry of the "Côté jardins" project, highlighting the principle of expressive contrast between the exterior and interior facades of the semi-open blocks.

Façades côté rue — Street facades

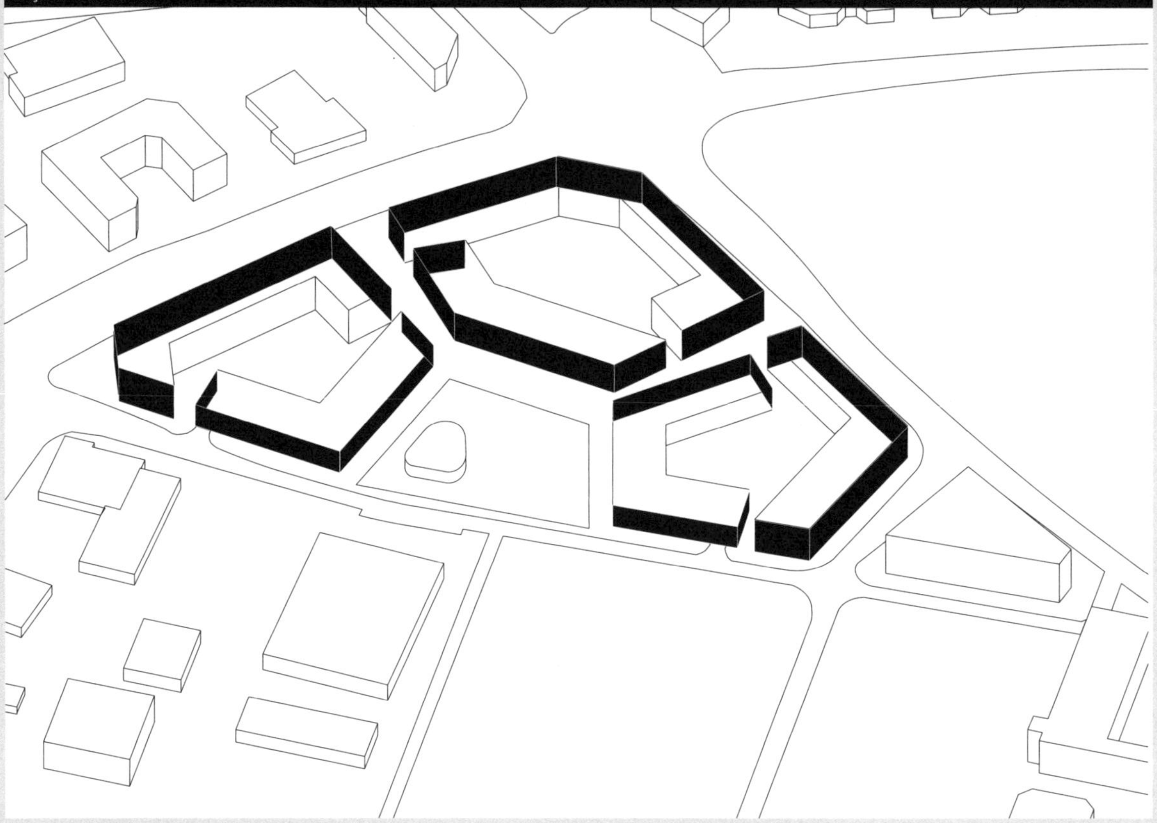

Façades intérieures — Interior facades

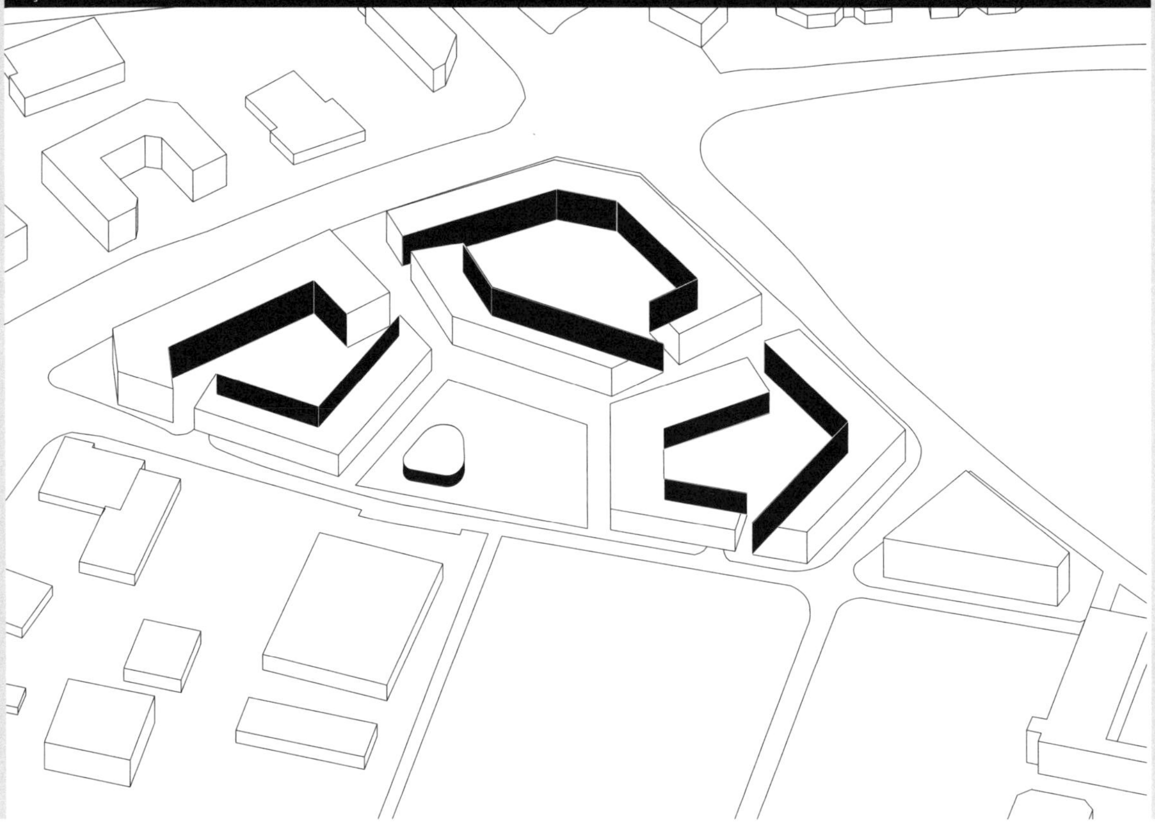

15.

Maquette montrant le positionnement des espaces dédiés aux activités, qui se situent au rez-de chaussée des différents îlots semi-ouverts, dans le pavillon prévu au cœur du parc public et dans le pôle à vocation tertiaire situé à l'extrémité du quartier.

Model showing the positioning of the activity areas on the ground floor of the various semi-open blocks, in the pavilion at the heart of the public park and in the service center at the end of the development.

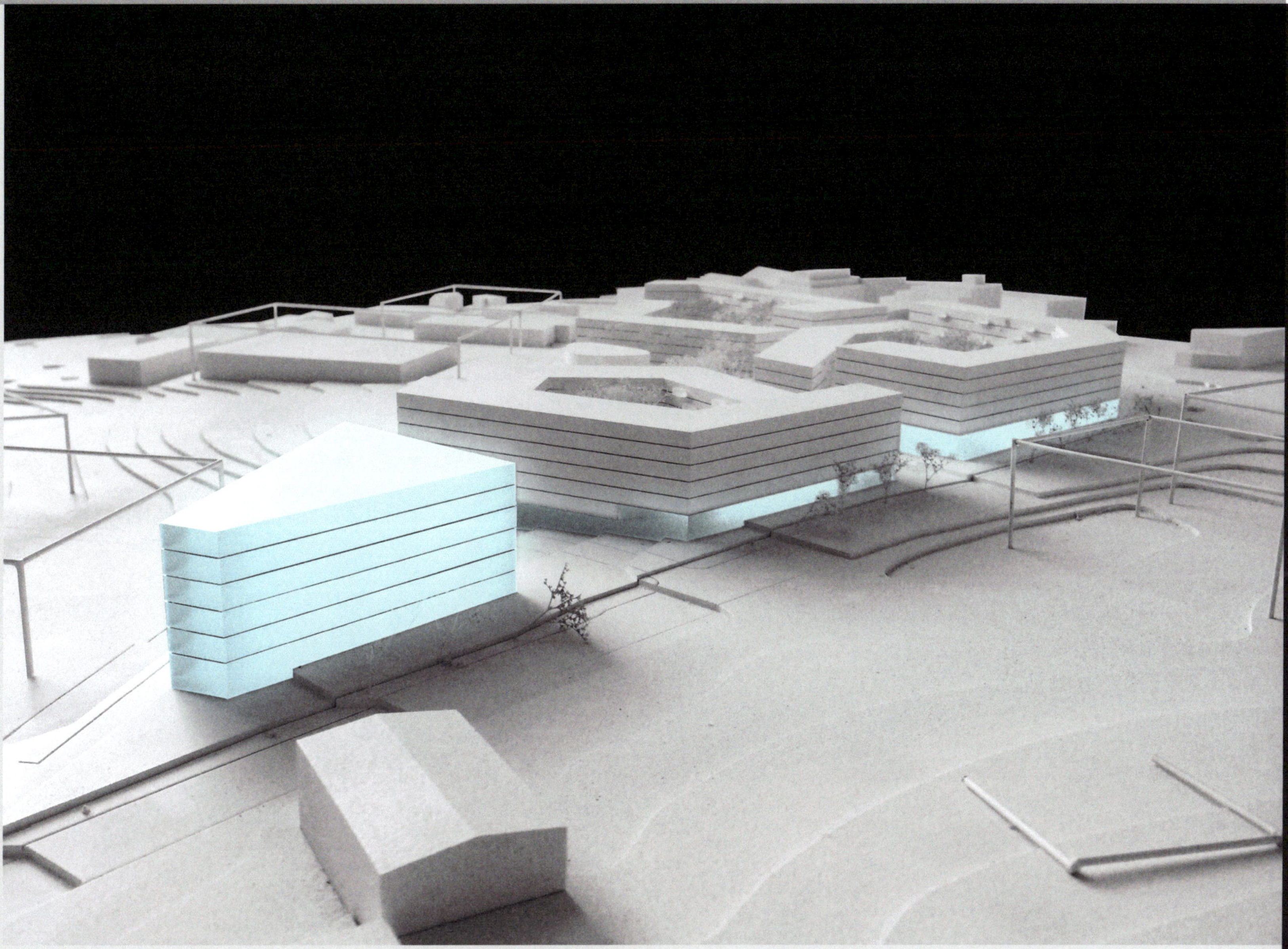

16.

Plan des aménagements paysagers déployés sur l'ensemble du quartier, de sorte à concrétiser la déclinaison des différents jardins, diversifier les ambiances végétalisées et favoriser la gestion écologique des eaux pluviales par des noues d'orage dans les cours-jardins.

Landscaping plan for the entire district, to give concrete form to the various gardens, diversify the planted ambience and promote ecological water management through storm-water channels in the courtyard gardens.

17.

Visualisations de la passerelle de mobilité douce franchissant la route de Crissier pour relier le quartier Oassis avec les secteurs avoisinants. Intitulé « Ruban urbain » et développé par Pierre-Alain Dupraz Architectes et T-Ingénierie, ce projet a été retenu au terme d'un concours sur invitation dédié spécifiquement à cet ouvrage. Il repose sur le développement d'une courbe très tendue et élancée, qui se joue habilement des multiples contraintes du site et permet en particulier de franchir les voies routières sans appui intermédiaire.

Views of the pedestrian and cycling footbridge crossing Route de Crissier to link the Oassis district with the surrounding area. Titled "Ruban urbain" (Urban Ribbon) and designed by Pierre-Alain Dupraz Architectes and T-Ingénierie, the project was selected following an invitation-only competition for this specific structure. It is based on the development of a very taut, slender curve, which skillfully takes advantage of the site's many constraints and, in particular, makes it possible to span the roads without intermediate support.

18. Maquette d'étude du pavillon communal, qui regroupe au cœur du parc public la bibliothèque municipale, le centre socioculturel Transit et une salle polyvalente à disposition des habitantes et habitants de la commune de Crissier. Par sa localisation au cœur du quartier et son offre programmatique singulière, le bâtiment fait office d'activateur de liens socioculturels entre des usagers d'horizons divers. Il est notamment amené à jouer un rôle important en termes d'activités intergénérationnelles et associatives, non seulement au sein du quartier, mais également entre cette nouvelle portion de ville et le reste du territoire communal. Symbole de cet ancrage local, il a été baptisé « Espace Philippe Rochat » lors de son inauguration en automne 2020, rendant ainsi hommage à l'une des personnalités emblématiques de Crissier. Philippe Rochat (1953–2015) fut en effet l'un des chefs étoilés du Restaurant de l'Hôtel de Ville de Crissier, internationalement reconnu dans le domaine de la gastronomie.

Study model of the community pavilion at the heart of the public space, which brings together the municipal library, the Transit sociocultural center and a multi-purpose hall for the residents of Crissier. Thanks to its central location in the district and its unique remit, the building acts as an enabler of sociocultural links between users from diverse backgrounds. In particular, it is set to play an important role in terms of inter-generational and associative activities, not only within the district, but also between this new part of town and the rest of the commune's territory. As a symbol of this local connection, it was named "Espace Philippe Rochat" when inaugurated in autumn 2020, as a tribute to one of Crissier's most emblematic personalities. Philippe Rochat (1953–2015) was one of the star chefs of the Restaurant de l'Hôtel de Ville de Crissier, internationally renowned in the field of gastronomy.

19. Vues du chantier qui laissent deviner l'ampleur et la complexité opérationnelle des travaux, dont la mise en œuvre a été pilotée par une planification interdisciplinaire s'appuyant intégralement sur les processus numériques propres au BIM (pour Building Information Modelling).

Views of the construction site reveal the scale and operational complexity of the work, which was implemented through interdisciplinary planning based entirely on the computerized processes of BIM (Building Information Modeling).

Bruno Marchand

Entre forme urbaine traditionnelle et transition écologique

Il est intéressant de noter que de nouveaux quartiers, planifiés en Suisse au cours des dernières années dans des secteurs suburbains, notamment sur des friches industrielles, sont fondés sur des principes de composition classiques et des formes urbaines traditionnelles, issus de l'utilisation d'archétypes d'espaces publics et d'îlots à cour, en tant qu'éléments fondamentaux pour la structuration des espaces bâtis et non-bâtis. On peut citer ici le quartier Zwicky-Areal (2007-2014), implanté dans un secteur en friche dans le territoire de Wallisellen, en périphérie de Zurich, construit sur la base du projet du Studio di Architettura Vittorio M. Lampugnani, lauréat d'une planification-test lancée en 2007.

C'est le cas du quartier Oassis (2012–2020) à Crissier, en périphérie de Lausanne, dont le plan d'ensemble, œuvre du bureau Bauart, a été mis au point suite à des mandats d'étude parallèles (MEP) remportés en 2012. Ces MEP, qui se sont déroulés en deux tours entre février et octobre 2012, concernaient la mutation en secteur d'habitat et d'activités de deux terrains affectés à l'origine en zone industrielle. En effet, le projet lauréat « Côté jardins » repose sur une composition savante de plusieurs composantes de la ville ancienne – venelles, îlots semi-ouverts, esplanade, parc public – qui confèrent une nouvelle identité à ce lieu.

Par ce biais, le passé semble déposer une empreinte insolite dans le présent, même s'il faut reconnaître que, du point de vue des architectes, ce clin d'œil à l'histoire n'est ni nostalgique ni mimétique, les formes bâties et le langage architectural du nouveau quartier affichant une contemporanéité évidente. Cependant, on peut s'interroger : quel est le sens de ce retour à la ville ancienne, notamment dans un contexte suburbain qui *a priori* appellerait plutôt à l'invention de nouvelles formes urbaines ? Quelles sont donc la légitimité et la pertinence d'un tel choix ?

Relevons d'emblée que les conditions spécifiques du lieu – sa position de lisière par rapport au territoire communal, ainsi que l'absence de traces d'un passé industriel ayant une réelle valeur patrimoniale – n'infèrent ni un parti urbanistique « évident » ni une orientation conceptuelle largement déterminée par les conditions locales. En réalité, il s'agit d'une entreprise de « fondation » Jacques Lucan, HABITER VILLE ET ARCHITECTURE, EPFL Press, Lausanne, 2021, p. 311. sur un terrain apparemment « neutre », entreprise qui, par principe, se matérialise par des tracés volontaires et des formes bâties archétypiques et clairement identifiables, appartenant à une mémoire collective qui évoque celle de l'histoire de la ville.

Dans l'optique d'une entreprise de « fondation », l'instauration d'une forme urbaine classique est somme toute une option à la fois logique et cohérente. Et cela d'autant plus que, contrairement à la période moderne qui dictait l'utilisation de certains modèles au détriment d'autres, jugés non progressistes, de nos jours le champ des possibles est particulièrement étendu : il n'y a pas, *a priori*, une forme urbaine qui prédomine sur les autres. Le modèle de la ville ancienne s'avère un choix légitime, parmi d'autres.

Pour les architectes du bureau Bauart, il s'agit de concevoir un « fragment de ville » et de forger le caractère d'urbanité nécessaire à l'instauration d'une polarité dans un territoire essentiellement suburbain. Ils font ainsi écho à la conviction, déjà formulée dans les années 1990, que « des espaces introvertis créateurs d'ordre sont à même de régénérer de l'intérieur les grandes surfaces de territoire urbanisé, de placer des points forts et de revaloriser la texture des volumes ». Christophe Luchsinger, « Les cours », WERK, BAUEN + WOHNEN, n° 3, 1992, p. 4

Deux autres points de vue, plutôt paradoxaux, nous amènent à envisager avec grand intérêt cette réalisation. Le premier met en regard deux termes qu'on pourrait penser antagonistes : classique et écologique. En effet, la forme urbaine dessinée par Bauart non seulement renoue avec des principes compositifs traditionnels, mais s'avère également résiliente aux évolutions climatiques et, dans un contexte particulièrement peu accueillant, permet d'atténuer l'impact des immissions routières et de la surchauffe ambiante.

Le second point de vue renvoie à la perception de la forme. Si l'on revient à l'essence de ce quartier, force est de reconnaître qu'il ne s'agit pas tant de « refaire la ville » que d'implanter un « fragment de ville » en périphérie. Entourée par des infrastructures routières, par des zones industrielles et commerciales, par des terrains agricoles, reliée à d'autres quartiers en devenir par des passerelles et d'autres moyens de connexion, la nouvelle polarité apparaît en quelque sorte comme une « île » dans un contexte suburbain.

En effet, ce « fragment de ville » ne se trouve pas dans une situation de continuité avec d'autres tissus bâtis et espaces non bâtis de même nature. À partir de ce constat, on peut formuler l'hypothèse que sa perception comporte des niveaux multiples et contraires, le faisant apparaître à la fois comme un « tissu urbain », compatible avec de potentiels futurs développements voisins, et comme un « objet architectural empreint d'urbanité » : le nouveau quartier revêt ainsi des qualités formelles hybrides, représentant certainement un enjeu contemporain pour la configuration des nouvelles démarches de densification et régénération des territoires suburbains.

Un territoire périphérique en devenir

Avant de nous pencher sur certains aspects spécifiques du quartier Oassis, à Crissier, arrêtons-nous un moment sur le territoire auquel il appartient et qui regroupe les communes, à l'origine agricoles, situées à l'ouest de Lausanne – ce qu'on appelle de nos jours et de façon courante l'Ouest lausannois. Son histoire mouvementée est cependant révélatrice de l'impact de l'essor de la mécanisation et du progrès prôné par la modernité sur sa vocation, sa morphologie et son paysage.

L'un des premiers jalons de cette mutation est l'extension, en 1900, de la gare de Renens, qui devient dès lors la plus importante plaque tournante pour le développement ferroviaire en Suisse romande. Il va en résulter une intense urbanisation du territoire, qui dépasse rapidement les limites de la commune pour s'étendre à Chavannes, Ecublens et Crissier, formant ainsi l'agglomération de Renens, comptant environ huit mille habitants.

Une deuxième impulsion provient de la décision, prise en 1945 par le Conseil d'État vaudois dans le cadre du plan

Fig. 1 d'extension et plan régional avec la désignation de la zone industrielle Bussigny-Venoge, Commission suisse du plan d'aménagement national, 1941

Fig. 2 Le canal Rhône-Rhin, l'aéroport et le tracé de l'autoroute, image d'ensemble (extrait de Henri Genet, municipal des travaux, « Lausanne 1964 : le futur a-t-il déjà commencé ? », in *L'information radicale*, juin 1956)

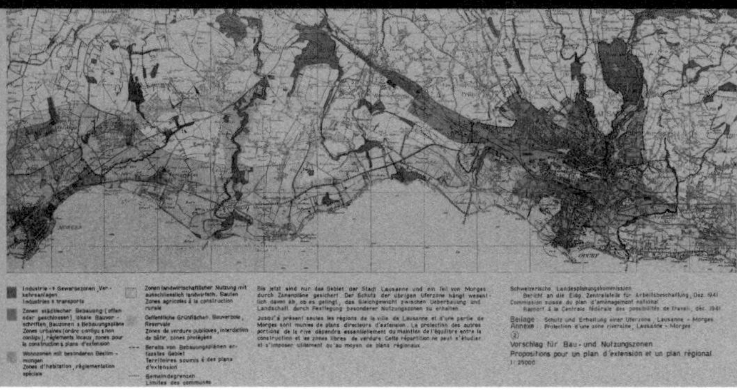

Au premier plan, à droite, le futur port fluvial, un fragment de l'autoroute et, au fond, l'aérodrome.

d'extension cantonal, de créer la zone industrielle Bussigny-Venoge, à 10 km de la limite communale de Lausanne.[Fig. 1] Elle sera suivie par le projet d'implantation dans le secteur de plusieurs infrastructures d'importance dont l'aérodrome d'Ecublens (planifié dès les années 1940 et finalement refusé en votation populaire), le canal Rhône-Rhin (non réalisé) et, enfin, l'autoroute, inaugurée en 1964 au moment de l'ouverture officielle de l'exposition nationale (Expo 64).[Fig. 2]

Le territoire de l'Ouest lausannois va être investi par les planificateurs et constructeurs comme un point central du développement de la périphérie lausannoise et un terrain d'expérimentation de la modernité urbanistique et architecturale. Les premières propositions dans ce sens vont pourtant émaner du milieu académique : dès l'immédiat second après-guerre et jusqu'à la fin des années 1950, les étudiants de Jean Tschumi à l'École polytechnique universitaire de Lausanne (EPUL), sous la supervision attentive et critique de leur directeur et « patron » d'atelier, dessinent des villes nouvelles sur la colline de Préverenges, dans le « cirque d'Ecublens » ou encore dans la zone Bourdonnette-Chavannes-Renens.[Fig. 3] Jean Tschumi, « Aménagement ouest de la région lausannoise », BULLETIN TECHNIQUE DE LA SUISSE ROMANDE, n° 21, 1957, pp. 347-357.

Par la suite, ce seront les membres de l'Association pour l'aménagement urbain et rural du bassin lémanique (APAURBAL) – Marx Lévy et son « groupe des jeunes » Les membres du « groupe des jeunes » étaient Alain Breguet, Jean-Pierre Cahen, Pierre Conne, Alin Décoppet, Pierre Foretay, Jean-Claude Piguet, Etienne Porret et Paul Waltenspühl. Sur l'APAURBAL voir Bruno Marchand, « Exnal et le sincère besoin de grandeur », TRACÉS, n° 20, 2014, pp. 14-23. – qui vont choisir le triangle Lausanne-Bussigny-Morges pour y implanter trois des quatre noyaux de leur projet Exnal, conçu en 1956 et qui préconisait une Expo 64 décentralisée, avec en toile de fond la question lancinante de l'aménagement du territoire. Sur l'Expo 64 et l'aménagement du territoire, voir Bruno Marchand, « Des villes nouvelles aux clusters : mutations territoriales et urbaines de Lausanne et de sa région lors de l'Expo 64 » in Olivier Lugon, Francois Valotton (sous la direction de), REVISITER L'EXPO 64, PPUR, Lausanne, 2014, pp. 160-179. Aux compositions des élèves de Tschumi – basées sur une démarche à la fois paysagère et plastique d'orientation beaux-arts, à l'échelle de « l'unité résidentielle » – vont ainsi succéder des propositions radicales et utopiques fortement inspirées de Le Corbusier, et l'idée de la création d'une ville nouvelle re-

(EPUL): ville nouvelle située sur la colline de Préverenges, dans le « cirque d'Ecublens », projet de 1953 (extrait du *Bulletin Technique de la Suisse Romande*, n° 21, 1957)

projet Exnal : le triangle Lausanne-Bussigny-Morges, lieu d'implantation de trois des quatre noyaux d'une Expo 64 décentralisée, version de 1958–1959 (Doc. AVL)

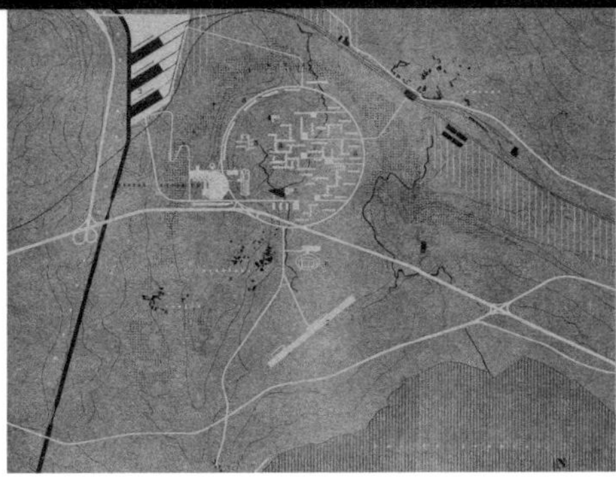

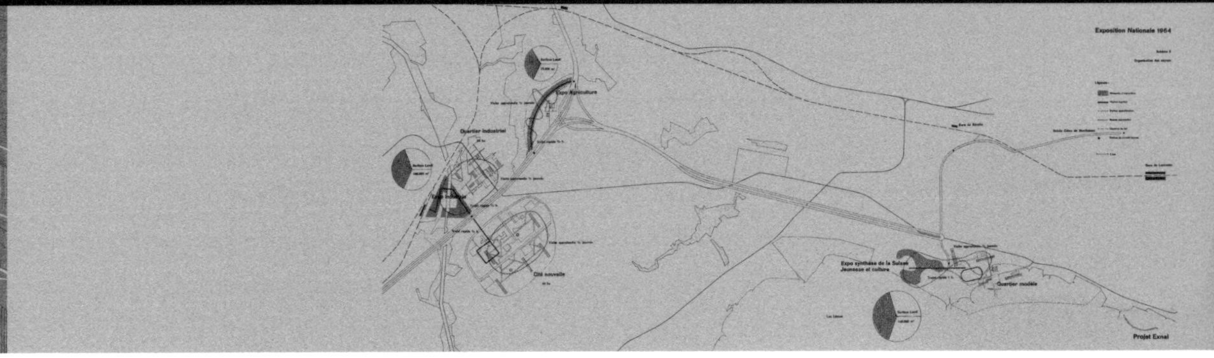

prise de la brochure *Die Neue Stadt* (1956) Lucius Burckhardt, Max Frisch, Markus Kutter, DIE NEUE STADT, Verlag Felix Handschin, Bâle, 1956. de Lucius Burckhardt, Max Frisch et Markus Kutter. Fig. 4

De l'imaginaire rêvé à la réalité prosaïque

Toutes ces planifications sont restées au stade du papier. Mais même en « absence », ces villes nouvelles imaginaires ont dévoilé le potentiel de développement d'une région qui, par son essor démographique exceptionnel, va devenir « un cas exemplaire du processus de suburbanisation, couplé à une croissance tout aussi forte du nombre d'emplois. La construction d'un grand nombre d'immeubles – pour une population venant d'abord des campagnes, puis de Lausanne (en manque de terrains à construire), enfin de l'étranger – est accompagnée, dès 1960, par la délocalisation vers l'ouest de nombreuses entreprises industrielles à l'étroit à Lausanne ou préférant un site propice et bien desservi par la nouvelle autoroute (1964) ». Martin Schuler, « Une démographie fulgurante », in L'OUEST POUR HORIZON, Infolio, Gollion, 2001 p. 173.

Ce développement va s'intensifier dans les décennies suivantes et forger une réalité territoriale plus prosaïque – comme si, au fond, et de façon imagée, l'Ouest lausannois ne voulait pas des rêves façonnés par les urbanistes pour son territoire. En effet, à la place des plans ordonnés et idéaux de la modernité, émerge progressivement un paysage périphérique hétérogène, constitué de la juxtaposition, sans ordre apparent, de terrains agricoles, d'infrastructures, de nouveaux quartiers résidentiels, mais aussi de fast-foods, d'hôtels à bas prix et d'hypermarchés, avec leurs panneaux, enseignes et néons – un « paysage de la modernité » Voir à ce sujet Bruno Marchand, « Paysage de la modernité » in UN PAYSAGE DE LA MODERNITÉ, LES CAHIERS DE L'OUEST, Infolio, Gollion, 2016, pp. 104–121. Voir aussi Emmanuel Rey, « Un site à l'identité hétérogène », in Emmanuel Rey (éd.), Suburban polarity, PPUR, Lausanne, 2017, pp. 43–45. caractérisé en plus par la prédominance de la mobilité individuelle (au détriment des cyclistes et des piétons) et l'absence d'espaces publics de qualité à l'échelle humaine.

On assiste ainsi à une augmentation considérable du trafic automobile, occasionnant d'importantes émissions sonores et des pics de pollution de l'air, dépassant les seuils admissibles imposés par les normes en vigueur. En réaction à cette situation critique, le Canton de Vaud conclut en novembre 2000 une convention pour la gestion commune de l'aménagement régional avec les communes concernées, Cette démarche, effectuée sous l'impulsion du conseiller d'État Philippe Biéler, regroupe les communes de Bussigny, Chavannes, Crissier, Ecublens, Renens, Saint-Sulpice et Villars-Sainte-Croix. Lausanne et Prilly sont associées comme «auditeurs». accompagnée d'un moratoire sur les nouveaux projets commerciaux générateurs d'un important trafic.

Un regard inversé sur le suburbain

Cette contrainte sera le déclencheur d'une collaboration entre les autorités communales, matérialisée, dans un premier temps, par un projet de développement intercommunal conçu par Pierre Feddersen entre 2001 et 2003. À cette date, les huit communes de l'Ouest lausannois créent le bureau du Schéma directeur de l'Ouest lausannois (SDOL), chargé de mettre en œuvre les lignes directrices de ce projet fédérateur et porteur d'une nouvelle identité territoriale.

Pour ce faire, il fallait inverser le point de vue – plutôt dépréciatif – sur le suburbain et sa capacité à se réinventer et à se restructurer. Pour Ariane Widmer, directrice du SDOL de 2003 à 2019, « tout fragmenté et chaotique que le territoire y paraît, tout décousu qu'il est, il y a moyen de considérer la situation différemment, d'y intervenir avec précision, de travailler le territoire avec l'imaginaire, la vision, d'utiliser chaque projet comme un moyen de recoudre, de redonner vie ». Ariane Widmer Pham, «Planifier à la périphérie de Lausanne: le Sdol, c'est quoi?», GEOMATIK SCHWEIZ, n° 10, 2011, pp. 497-498.

L'approche urbanistique préconisée par Pierre Feddersen s'inscrit justement dans cette optique : elle est basée sur un regard nouveau porté sur ce territoire hétérogène et apparemment chaotique, et sur l'application d'une approche innovante postulant notamment une planification par le vide – avec la mise en exergue des qualités paysagères des lieux, envisagées comme des traces des origines des lieux ou d'un passé agricole pas complètement enfoui – et la valorisation des « trésors » de toutes sortes, patrimoniaux, architecturaux, paysagers, naturels, mais aussi sociaux et culturels.

L'enjeu principal consiste, avant tout, à percevoir la complexité des lieux et à l'intégrer « dans le projet architectural et urbain, pas nécessairement avec un ordre totalement cartésien, mais avec un ordre subtil, qui tienne compte de l'ensemble des dimensions inhérentes au suburbain. Un ordre à la fois physique, spatial et social, mais également un soin des espaces non bâtis, visant en priorité à retisser des liens conviviaux permettant aux usagers de vivre le territoire comme une grande ville... mais en acceptant qu'il restera toujours une vaste mosaïque très disparate ». Pierre Feddersen, « L'Ouest lausannois, contexte archétypique et démarche emblématique », in Emmanuel Rey (éd.), SUBURBAN POLARITY, PPUR, Lausanne, 2017, p. 36.

Cette mosaïque de l'Ouest lausannois devient ainsi un « laboratoire pour de nouvelles réalités territoriales », à travers un esprit d'expérimentation – le projet urbain et territorial – et, en même temps, une posture de « valorisation de l'action » capable de façonner le nouveau paysage suburbain dans les temporalités les plus proches ; ces deux paramètres complémentaires sont les points forts d'une démarche inédite, à la fois souple, évolutive et pragmatique, basée sur des « chantiers » d'études qui identifient des sites stratégiques et prioritaires et définissent les axes de développement.

Joël Christin, Olivier Donzel, « Un laboratoire pour de nouvelles réalités territoriales », TRACÉS, n° 13/14, 2006, pp. 6-12.

Bauart... immersion dans l'Ouest

Pour Bauart, la confrontation avec le territoire de l'Ouest lausannois et la contribution à ce « laboratoire » vont se faire à travers la participation à la planification de plusieurs secteurs faisant partie intégrante de ces « chantiers ». En 2004–2005 le bureau est invité à l'étude-test « Cocagne Buyère Bussigny-près-Lausanne » dans le cadre du chantier 1. Le périmètre d'intervention concerne un terrain en pente situé au bord de l'autoroute A1, à la frontière entre un quartier d'habitation et une zone industrielle. La nouvelle identité des lieux passe par la définition d'une polarité dense et mixte – réunissant loisirs, culture, commerces, centre de com-

Fig. 5 Bauart, étude-test « Cocagne Buyère Bussigny-près-Lausanne » (2005–2005), dans le cadre du chantier 1, vue de la maquette.

pétence, bureaux, hôtel, habitations et espaces publics – matérialisée par un bâtiment linéaire (longeant l'autoroute) et quatre immeubles hauts, des « condensateurs » implantés de manière ouverte, sur le bas du terrain.[Fig. 5]

L'année suivante, en 2006, c'est le secteur Arc-en-Ciel – situé sur les communes de Bussigny et Crissier et voué à devenir, à terme, un pôle socio-économique d'importance régionale – qui fait l'objet d'une étude-test. Bauart propose la mutation de la zone industrielle en un nouveau site tertiaire dense et mixte, agrémenté d'infrastructures industrielles, commerciales et administratives. Le projet se caractérise notamment par la création d'un boulevard urbain, axe fédérateur et structurant ponctué à l'une de ses extrémités par une tour dressée à l'échelle du paysage lacustre. D'autres éléments clés pour l'évolution de ce secteur sont aussi envisagés : la densité et la mixité du bâti, l'intensification des espaces publics, le développement des espaces verts, la revitalisation de la Sorge.[Fig. 6]

Toujours en 2006, Bauart entame la conception du schéma directeur intercommunal de Malley (SDIM), un projet urbain d'envergure terminé en 2012. Bauart et al., SCHÉMA DIRECTEUR INTERCOMMUNAL DE MALLEY (SDIM), SDOL, Renens, 2012. Le vaste site, en pleine mutation, a pour épicentre une gare du RER nouvellement construite, située à l'interface des bus et de la nouvelle ligne de tram. Ce renforcement des accessibilités par les transports publics crée les conditions nécessaires à la fondation d'un quartier mixte et dense, à proximité immédiate de la plateforme multimodale. L'ensemble bâti, structuré par des places bordées de tours, s'articule autour d'un axe culturel caractérisé par des espaces publics de grande qualité. Des bâtiments historiques, sauvegardés afin de garantir une certaine mémoire des lieux, sont intégrés dans un ample parc public.[Fig. 7]

Un nouveau quartier dense et mixte

Tous ces travaux ont certainement contribué à ce que le bureau acquière une connaissance assez approfondie d'un territoire suburbain pas toujours aisé à appréhender,

constitué, comme on l'a évoqué, d'un patchwork de zones monofonctionnelles, juxtaposées sans logique apparente ; d'autre part, ces mêmes travaux ont contribué à forger une vision du devenir de ce même territoire, basée sur une structure polycentrique de polarités interconnectées, des lieux stratégiques en raison de leur bonne accessibilité (actuelle ou future) en transports publics et de leur potentiel d'accueil.

Sur la base d'un tel acquis, il est somme toute logique que Bauart fasse partie des équipes invitées Les autres équipes ayant participé à ces MEP sont Bakker & Blanc, Farra & Zomboulakis, KCAP et Tribu architecture. à participer, en février 2012, aux MEP Lentillières Nord, organisés par le propriétaire des parcelles 685 et 2294, Les deux terrains sont propriété de Patrimonium Residential Opportunity SA. avec l'accord et l'appui des autorités communales. Situé à l'intérieur du périmètre Vernie-Crissier, il s'agit justement de l'un de ces lieux stratégiques, à planifier et densifier, contenus dans le chantier 3 Route de Cossonay. Ce secteur fait partie partie des sites stratégiques d'intérêt cantonal de la politique des pôles de développement (site 9.c1).

Par sa localisation, ce site partage plusieurs conditions distinctes de la *suburbia* : bordé de terrains agricoles, il est cependant relativement proche du centre de Crissier et constitue un point de repère dans la zone industrielle et d'activités implantée à la sortie de l'autoroute. Sa vocation réside dans l'instauration d'un secteur d'habitat et d'activités, mixte et dense, tel qu'esquissé dans le Masterplan Vernie-Crissier établi en 2011 par l'équipe composée du bureau Feddersen & Klostermann, mrs partner et Topos urbanisme. Feddersen & Klostermann, mrs partner, Topos urbanisme, avec la collaboration de Luc Malnati, UNE NOUVELLE VISION POUR CRISSIER ET LA ZONE D'ACTIVITÉS DE LA VERNIE, Zurich, octobre 2011.

Ce document de planification propose une nouvelle vision du devenir de la zone d'activités de la Vernie, à partir du développement coordonné de l'urbanisation, de la mobilité et de la concertation entre les acteurs. Le secteur Lentillières Nord, directement connecté à l'axe du futur bus à haut niveau de service (BHNS), est ainsi ciblé. Son important potentiel de développement est illustré par des variantes de morphologies urbaines, qui spatialisent les enjeux, déterminent les relations à établir avec les différents tissus bâtis adjacents (actuels et futurs) et ouvrent

Fig. 8 Pierre Feddersen, variantes de morphologies urbaines pour le secteur Lentillières Nord (extrait de Feddersen & Klostermann, mrs partner, Topos urbanisme, *Masterplan Vernie-Crissier*, 2011)

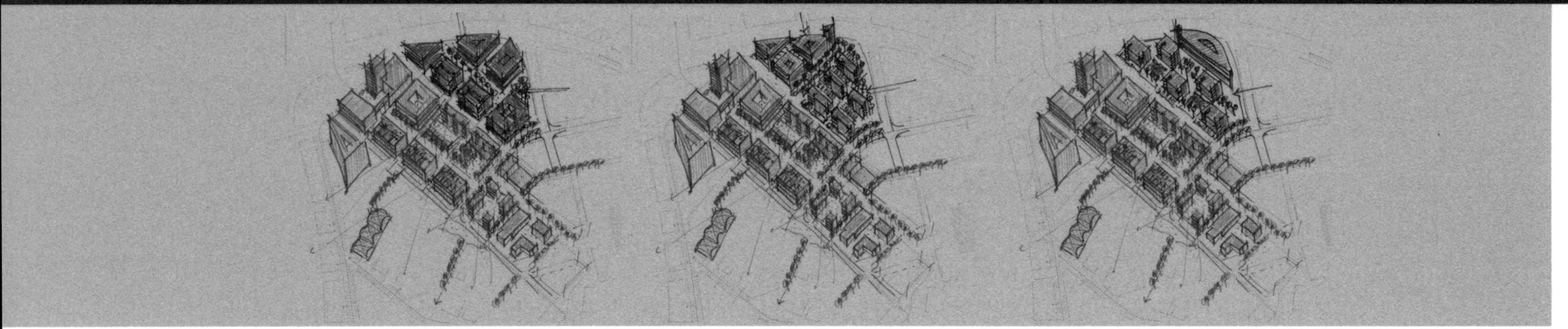

le champ des possibles : ces images ne figent pas les processus en cours et à venir, laissant une marge importante de décision et négociation pour les autorités communales et les propriétaires fonciers. Fig. 8

Un « monde intérieur »

Le programme des MEP est en conformité avec les objectifs de ce Masterplan et préconise, entre autres, l'application d'une forte densité et d'un mixage d'activités. Il spécifie également qu'une grande attention et un soin significatif soient accordés au traitement des espaces publics et aux enjeux de mobilité. Suite au dialogue final, le collège d'experts recommande au maître d'ouvrage, à l'unanimité, le projet « Côté jardins » du bureau Bauart pour la suite des études et du mandat, tout en intégrant le bureau KCAP pour près d'un tiers des prestations. Mandats d'étude parallèles Lentillières Nord-Crissier, Un quartier côté jardins, rapport du collège d'experts, Bureau du Schéma directeur de l'Ouest lausannois, Renens, janvier 2013, p. 46. KCAP sera plus particulièrement en charge de la conception de l'un des îlots ouverts, en cohérence avec le plan de quartier et la charte architecturalerégissantleprojetd'ensemble.

Comme on l'a déjà évoqué au début de cet essai, les architectes de Bauart cherchent à conférer à ce quartier le caractère d'urbanité nécessaire à l'instauration d'une polarité Les architectes préfèrent le terme polarité à celui de centralité. « Ce dernier sous-entend en effet le développement d'un centre au détriment de sa périphérie, laquelle en devient fonctionnellement dépendante dans un système territorial hiérarchisé. La polarisation des territoires urbains signifie au contraire le développement conjoint de pôles qui ne sont plus ni centraux ni périphériques, mais qui s'auto-équilibrent dans un système dynamique et réticulaire. » Emmanuel Rey, « Des polarités suburbaines pour structurer des territoires en mutation », in Emmanuel Rey (éd.), SUBURBAN POLARITY, op. cit., p. 17. à vocation mixte dans un territoire diffus et périphérique. Pour ce faire, ils proposent la création de cinq « entités urbaines » complémentaires – comprenant trois îlots ouverts, un pôle tertiaire et un jardin public – ce qui leur permet de souligner de manière cohérente la présence du nouveau quartier et de créer un « monde intérieur » à l'identité spécifique, dont le caractère riche et diversifié répond à la nouvelle mixité fonctionnelle du lieu. Emmanuel Rey, Yorick Ringeisen, « Ein urbanes Pol aus fünf Inseln. Un pôle urbain composé de cinq îlots. Cinque isole per un polo urbano ». Hors-série TEC21 | Tracés | Archi, n° 3, 2020, pp. 30-33.posé de cinq îlots. Cinque isole per un polo urbano». Hors-série TEC21 Tracés Archi, 2020, n° 3, pp. 30-33.

La création de ce « monde intérieur » n'implique ni repli ni coupure nette avec l'extérieur et le voisinage, comme on verra par la suite. Elle découle d'abord des conditions environnementales optimales résultant de l'implantation

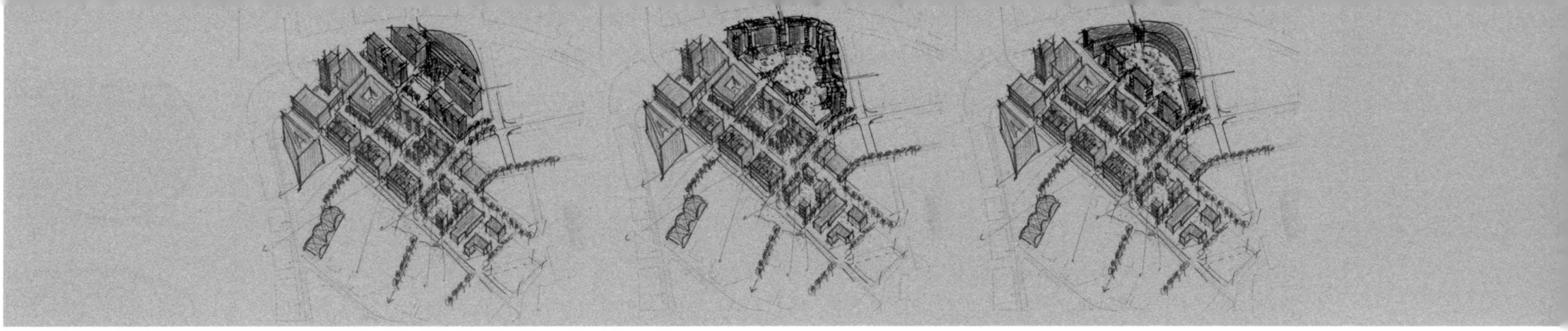

des immeubles en front de rue, en limite de parcelle, qui deviennent des écrans protecteurs pour des espaces privés et publics calmes, offrant un cadre agréable à habiter, accessible à tous au quotidien.

Elle provient ensuite de la vie spécifique au quartier, générée par la diversité des logements et le mélange de classes sociales et renforcée par l'instauration d'une mixité fonctionnelle et intergénérationnelle. Cette dernière est induite par la présence d'une résidence seniors occupant une partie du bâtiment qui longe la route de Crissier et d'une crèche implantée au rez de l'un des îlots semi-ouverts et qui, se prolongeant à l'extérieur, occupe une partie de la cour.

Enfin, ce « monde intérieur » est empreint (à l'image d'autres quartiers durables, comme celui de Vauban à Fribourg-en-Brisgau) de l'ambiance apaisée des circulations essentiellement piétonnes, sans voitures en surface – le parking souterrain étant en plus situé sous l'emprise des immeubles, afin de libérer un maximum de pleine terre pour les aménagements extérieurs, notamment au cœur des îlots, là où de grands arbres ont pu être plantés.
La promotion de la mobilité durable se traduit aussi par la création d'un nouvel arrêt TL à proximité immédiate du jardin public et d'une station de vélos en libre-service. Enfin, relevons l'application de nombreux critères en vue d'inscrire le quartier dans une dynamique de durabilité, comprenant la création d'une association de quartier, la gestion écologique des eaux pluviales, l'extension du réseau de chauffage à distance (par biomasse), l'installation d'une centrale photovoltaïque en toiture – couplée à un micro-réseau privé d'électricité offrant du courant renouvelable avantageux en autoconsommation – et de jardins potagers sur les toits des immeubles des îlots.

Les enjeux de l'îlot

Comme on vient de le voir, à Crissier les architectes utilisent la figure de l'îlot urbain, semi-ouvert ou traversant, aménageant une cour plantée et verte, calme et collective, située au cœur du dispositif. On y accède par des failles qui empêchent qu'un enfermement ne s'installe et, par conséquent, la privatisation de cet espace. Ces brèches sont donc fondamentales : par leur présence, elles connectent les venelles adjacentes aux cours, créant ainsi une fluidité et une complexité des parcours.

Les architectes de Bauart ont conçu l'ensemble bâti à l'exception du troisième îlot, confié comme on l'a vu à KCAP.

Les trois îlots semi-ouverts, délimités par des immeubles linéaires pliés, ont des configurations et des métriques différentes : celui du centre, le plus grand, est défini par un immeuble d'angle à quatre facettes et un immeuble en L ; les deux autres, un peu plus compacts, sont entourés de deux immeubles en L, les brèches étant dans tous les cas en biais, résultantes d'un jeu de confrontation géométrique entre les pignons et les faces des immeubles.

Ces formes bâties sont donc capables d'opérer une distinction nette entre l'espace public et celui semi-privé et semi-public des cours, dans le sens d'une « architecture pour la ville », dont l'urbanité ressort de l'expression conjointe de la singularité de chaque îlot et de l'application de règles générales qui les lient entre eux. Martin Steinmann, « L'architecture de Diener & Diener. Une architecture pour la ville », FACES, n° 41, 1997, p. 2. Ces règles, comme on va le voir par la suite, ont déjà été testées préalablement dans d'autres projets du bureau.

Un précédent : Yverdon-les-Bains et « l'îlot ouvert »

Les MEP remportés par Bauart en 2006–2007 pour le site Gare-Lac à Yverdon-les-Bains représentent une première expérience de l'utilisation de l'îlot, dont on peut tirer profit ultérieurement lors de projets d'urbanisation dans d'autres contextes. En effet, à travers la pratique assidue de concours, les architectes développent une certaine forme de recherche, « qui se doit de poser de nouvelles questions, ou de radicaliser des anciennes », Benedikt Loderer, « The State of the Bauart », IN BAUART, De aebidus 24, Quart Verlag, Lucerne, 2008, pp. 8-9. dans un esprit d'innovation constamment renouvelé.

À Gare-Lac, il s'agissait de régénérer une vaste friche industrielle et, en même temps, d'établir une connexion, pratiquement inexistante, entre le centre et le lac. Car « Yverdon-les-Bains ne voit pas son lac, et son lac ne la voit pas ». « Valorisation du secteur de la gare au lac à Yverdon-les-Bains », HOCHPARTERRE.WETTWERBE, n° 4, 2007, p. 16. Or tirer parti d'un potentiel territorial jusque-là peu exploité à travers l'établissement de strates structurantes – en d'autres termes retisser des liens du bâti avec l'eau – implique non seulement le renversement de la structure urbaine, mais également la préservation de plusieurs traces et bâtiments historiques.

Fig. 9 Bauart, projet lauréat des MEP pour le site Gare-Lac à Yverdon-les-Bains (2006–2007) : plan masse basé sur le principe de « l'îlot ouvert »

En effet, innovation urbaine et réalité patrimoniale se reflètent l'une l'autre. On peut comprendre dès lors le choix de travailler à partir de l'îlot urbain, notamment pour sa parenté morphologique avec l'immeuble à cour industriel. Mais point d'historicisme. Bauart exploite le potentiel de « l'îlot ouvert » théorisé dès les années 1970 par Christian de Portzamparc, qui préconise la prise en compte simultanée du vide et du plein, traduite par des principes d'édification simples et efficaces induisant diversité et hétérogénéité : définition d'une limite précise de l'îlot, préservation d'un espace central libre de constructions, variation dans la morphologie et la hauteur du bâti implanté sur le pourtour. Fig. 9

Voir à ce sujet Christian de Portzampac, L'ÎLOT OUVERT, AAM, Ante Prima, Paris, 2010.

Revisiter des formes du passé

On peut faire ici l'hypothèse que cinq ans plus tard, au moment des MEP Lentillières, l'expérience d'Yverdon est encore présente dans l'esprit des architectes. Les acquis demeurent et nourrissent de manière itérative la réflexion. Mais force est de reconnaître que le contexte spécifique de Crissier, soumis à de nombreuses contraintes, appelle une posture urbaine et architecturale un peu différente : point de quête d'un travail formel sculptural, de la fragmentation morphologique et de gabarits différenciés – tout au plus un abaissement homogène de la hauteur des bâtiments vers le sud, afin de favoriser les vues et l'ensoleillement des logements et des cœurs d'ilots. Dans ce cas, c'est la diversité dans la recherche de l'unité qui est de mise.

Comme on l'a vu, l'emploi de l'îlot semi-ouvert est donc l'un des éléments clés de la structure du nouveau quartier. *A priori*, on pourrait considérer cette attitude comme régressive, dans un contexte suburbain qui appellerait plutôt l'invention de nouvelles formes urbaines. Or, au contraire, on peut voir une forme de liberté conceptuelle dans la conviction du bien-fondé de la réinterprétation des formes héritées du passé afin de répondre à des enjeux contemporains.

C'est ce qu'affirmait avec acuité Robert Krier dès 1975 : « Chaque époque, dans l'histoire de l'art, se développe graduellement à partir de celle qui l'a précédée et assimile les éléments formels et fonctionnels qui étaient connus auparavant : plus une société a la conscience de l'histoire, plus la manipulation d'éléments stylistiques historiques est aisée et exhaustive. Ce lieu commun nous importe dans la mesure où il autorise l'artiste à utiliser la richesse universellement reconnue du répertoire formel de toutes les époques, qu'il s'agisse du vingtième siècle ou du dix-septième siècle. » Robert Krier, L'ESPACE DE LA VILLE. THÉORIE ET PRATIQUE (1975), AAM Éditions, Bruxelles, 1980, p. 6.

L'îlot a une longue histoire dans la formation de la ville traditionnelle, où il constitue un élément fondamental. Nous souhaitons nous limiter ici à l'évocation de certains modèles, avec lesquels Oassis entretien intrinsèquement certains liens. En effet, pour donner l'échelle et expliciter la teneur de ce quartier, il n'est pas sans intérêt de recourir à des termes de comparaison délibérément éclairants et articulés à partir de l'explicitation de *principes* représentant autant de ressorts conceptuels.

En lien : déformations

Le premier principe est celui de la *non-orthogonalité* de l'îlot. Fig. 10 Celle-ci découle traditionnellement de la géométrie du parcellaire, dictée à son tour par le tracé en étoile des réseaux des voiries, à l'instar de l'îlot haussmannien. Voir à ce sujet Jean Castex, Jean Charles Depaule, Philippe Panerai, FORMES URBAINES : DE L'ÎLOT À LA BARRE, Bordas, Paris, 1977, notamment le chapitre 1 « Le Paris Haussmannien, 1853-1882 », pp. 13-44. La forme irrégulière et biaise du bâti est la résultante de l'imbrication des éléments de formation de la ville traditionnelle, ce qui implique par ailleurs une adaptation des types d'habitation aux déformations et situations particulières.

Dans d'autres exemples, l'irrégularité des îlots n'est pas dictée exclusivement par les conditions contextuelles, mais découle aussi de règles de composition urbaine et du souhait des planificateurs d'instaurer une diversité des formes bâties et des appropriations. On pense à certains îlots de l'extension d'Amsterdam Sud de Hendrick Petrus Berlage,

Fig. 11 Plan masse du groupe Sérurier Indochine (1936) de la ceinture des immeubles HBM construite en limite de Paris durant l'entre-deux-guerres (extrait de Apur, *Les Habitations à Bon Marché de la ceinture de Paris : une étude historique*, s.d., Paris)

planifiés entre 1904 et 1916, ou encore à plusieurs *Höfe* viennois [Le terme Hof désigne un ensemble d'immeubles de logements implantés autour de cour(s) (pl. Höfe).] des années 1920 et 1930. Enfin, la ceinture des immeubles HBM construite en limite de Paris durant l'entre-deux-guerres nous semble être une référence judicieuse, avec « un habitat organisé en îlots qu'ordonne un réseau de voies hiérarchisées [et] une variété volontaire de taille et de formes d'îlots afin de briser l'impression d'homogénéité ». Fig. 11 [Apur, Les Habitations à Bon Marché de la ceinture de Paris : étude historique, Paris, mai 2017, p. 27.]

À Crissier, on assiste à une sorte de synthèse de ces deux façons de faire : la forme irrégulière des îlots découle à la fois de l'adéquation du bâti aux limites biaises et à la géométrie triangulaire du terrain, ainsi que d'un souhait de composition qui fait converger les espaces publics vers un parc central contenant un équipement. La figure bâtie résultante – intégrant aussi un bâtiment tertiaire en pointe, également triangulaire – permet d'atteindre les hautes densités établies par le programme des MEP tout en générant des espaces publics généreux et des cours protégées des nuisances environnantes.

En lien : renversements

Un deuxième principe est celui du *renversement de la hiérarchie traditionnelle*, au sens de la valorisation de la cour comme espace fédérateur (plutôt que comme espace de service). On peut situer les « frémissements » de cette nouvelle orientation avec le bâtiment à cour Francisco Terrasse (1895) de Frank Lloyd Wright, à Chicago, et se remémorer le megablock Spangen (1919–1921) de Michiel Brinkmann, à Rotterdam.

Plus proche de nous, en Suisse romande, il nous faut aussi évoquer le square Montchoisy – Deux-Parcs (1927–1931) de Maurice Braillard et Louis Vial, une forme inédite à Genève, inspirée, semble-t-il, des *Höfe* viennois. [Marina Massaglia, MAURICE BRAILLARD, ARCHITECTE & URBANISTE, Fondation Braillard architectes, Georg éditeur, Genève, 1991, p. 151.] Le square est constitué de quatre bâtiments disposés de façon à ouvrir les angles, ce qui permettait à la fois la circulation de l'air et l'accès à l'espace central de la cour. C'est ce même espace central

Fig. 12 Le square Montchoisy – Deux-Parcs de Maurice Braillard et Louis Vial (1927–1931), à Genève : la valorisation de l'espace extérieur central (extrait de Marina Massaglia, *Maurice Braillard, architecte & urbaniste*, Georg Éditeur, Genève, 1991).

qui est maintenant valorisé et qui devient la référence pour l'orientation des espaces majeurs des logements et pour les façades principales, dotées de loggias et de balcons. À l'inverse, la cuisine et l'escalier, adossées à une chambrette de bonne, donnent sur la rue, qui devient le support de la circulation des voitures et de l'implantation d'activités commerciales. Fig. 12

Ce renversement des hiérarchies urbaines se poursuit dans les années 1970, au moment où l'on assiste à un *revival* de l'îlot. Dans ce sens, le Block 270, terminé en 1977 par Josef Paul Kleihues dans le quartier Wedding à Berlin-Ouest, marque le débat entamé une décennie auparavant, portant sur l'importance d'abandonner le modèle lamelliforme implanté dans les espaces verts au profit d'une réinterprétation critique de l'îlot urbain traditionnel : l'immeuble s'aligne sur les rues pour former une cour centrale, accessible depuis l'une des façades principales et par les quatre angles coupés et ouverts à 45°, dans une configuration typique de l'ordre urbain berlinois. Fig. 13

Voir à ce sujet Josef Paul Kleihues, « Closed and open housing blocks. Notes on the case of Berlin and comments on the block 270 at Wedding », LOTUS, n° 19, 1978, p. 73.

Autrement dit, il s'agissait avant tout de favoriser les espaces contenus par le bâti en générant des appropriations différenciées plutôt qu'une fluidité spatiale perçue comme un concept trop abstrait et induisant des pratiques sociales non déterminées.

À Wedding, alors que toutes les cuisines et les coins à manger adjacents s'orientent strictement vers l'intérieur de l'îlot, les pièces principales suivent la course du soleil, avec les séjours au sud et les grandes chambres au nord. On retrouve une même logique au Warteckhof, dans le quartier Wettstein de Bâle, sorti de chantier en 1996, où la disposition interne des logements dessinés par Diener & Diener suit aussi (et de façon encore plus radicale) les principes standards d'ensoleillement.

Ces deux derniers exemples nous intéressent, car ils introduisent une certaine complexité dans un schéma qui aurait pu se limiter à une opposition simple et stricte cour / rue. À Crissier, on retrouve aussi une certaine complexité : le renversement par rapport à la hiérarchie traditionnelle est certes présent, une grande quantité des logements orientant les espaces de vie vers les cours de façon à béné-

Fig. 13 Josef Paul Kleihues, le Block 270, terminé en 1977 dans le quartier Wedding à Berlin Ouest, plan du rez de chaussée supérieur (extrait de Kenneth FRAMPTON, éd. « Vinetaplatz Block 270 », *in Modern Architecture and the Critica1 Present,* Architectural Design vol. 52, 7-8/1982).

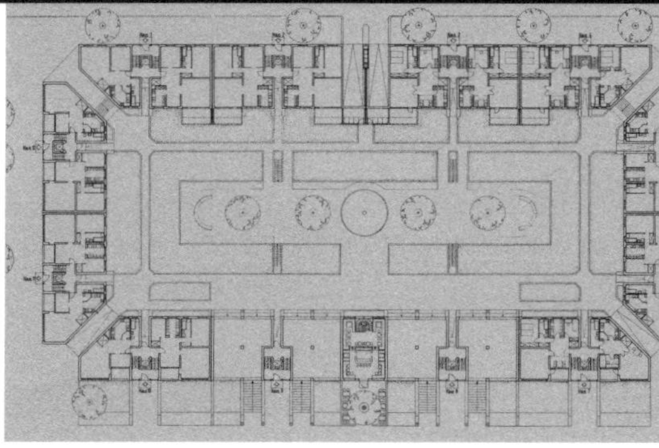

Fig. 14 Christian de Portzamparc, projet (non réalisé) du concours Paris La Roquette (1974) (extrait de Jean-Pierre Le Dantec, *Christian de Portzamparc,* Éditions du Regard, Paris, 1995).

ficier de l'ambiance paisible et calme de ces espaces extérieurs, mais on peut aussi détecter des variations, dont, notamment, des logements traversants qui orientent leurs espaces représentatifs vers le sud et les espaces publics, venelles ou jardin central, notamment ceux situés en tête des bâtiments.

En lien : l'idéal vert de l'intérieur de l'îlot

Le troisième principe sur lequel nous souhaitons ici nous attarder est celui du *traitement végétal et planté* des cours qui va s'intensifier dès le début du siècle dernier, notamment sous l'impact des théories hygiénistes. On peut en effet constater qu'en réaction à la diminution des usages de l'intérieur des îlots haussmanniens, due à l'exploitation maximale de l'occupation du sol, les cours délimitées par les bâtiments HBM dans la ceinture parisienne sont collectives, ventilées et agrémentées de plantations, cela en conformité aux normes de salubrité et d'hygiène.

La question de l'aménagement végétal des cours va resurgir dès la fin des années 1960 et prendre une plus grande amplitude avec le projet (non réalisé) du concours Paris La Roquette (1974) de Christian de Portzamparc. Ce dernier qualifie de « monument végétal » l'espace central vert de son bâtiment à cour, qu'il décrit en ces termes : « C'est une place sur laquelle l'herbe et les arbres auraient poussé : un vaste espace urbain envahi par la nature ou bien un morceau de nature enchâssé dans la ville. Le végétal va jusqu'au ras des bâtiments, remontant sur leurs façades. Il n'est pas "dessiné" ; ce sont les bâtiments en le bordant, qui le dessinent, le recevant dans ses limites. » Fig. 14

«La Roquette», in CHRISTIAN DE PORTZAMPARC, Electa Moniteur, Milan, Paris, 1984, p. 58.

Un végétal « dessiné » : ce terme pourrait être rapporté à l'aménagement, réalisé par les architectes-paysagistes Michel Desvigne et Christine Dalnoky, du square des Bouleaux de l'immeuble de la rue des Meaux à Paris (1989–1992), œuvre de Renzo Piano. Considéré comme « l'équivalent contemporain modeste du Palais-Royal » cet espace planté de 110 bouleaux

Jacques Lucan, HABITER VILLE ET ARCHITECTURE, EPFL Press, Lausanne, 2021, p. 356.

Fig. 15 Michel Desvigne et Christine Dalnoky, architectes-paysagistes, square des Bouleaux de l'immeuble de la rue des Meaux (1989-1992), à Paris, œuvre de Renzo Piano (extrait de Renzo Piano, *The Complete Logbook, 1966-2016*, Thames & Hudson, Londres, 2017.

et chèvrefeuilles évoque aussi le milieu forestier, afin de préserver l'intimité des logements et offrir aux habitants un cadre de vie calme et de contemplation, en opposition au bruit et à l'agitation du contexte environnant. Pour les auteurs, « l'objectif, dans ce projet d'une écologie sommaire, est avant tout esthétique ». Fig. 15 NATURES INTERMÉDIAIRES. LES PAYSAGES DE MICHEL DEVIGNE, Birkhäuser, Bâle, Boston, Berlin, 2009, p. 149.

Les aménagements extérieurs des cours du quartier Oassis à Crissier s'inscrivent dans un même esprit de symbiose entre architecture et paysagisme, entre nature et artifice. Conçus et réalisés par le bureau d'architectes-paysagistes Hüsler & Associés comme des espaces de délassement et de sociabilité, ils partagent à la fois des caractéristiques communes et des identités distinctes. L'approche, certes moins « savante » et historique qu'à Paris, se caractérise en revanche par une forte teinte écologique.

Chaque « cour-jardin » est aménagée avec des prairies sèches fleuries, agrémentées d'arbres et d'arbustes majoritairement indigènes – dont certains fruitiers – qui créent des espaces ombragés, atténuent les îlots de chaleur et favorisent la biodiversité. Une attention particulière est aussi accordée au traitement et à la gestion de l'eau : en plus de l'installation de bassins de rétention, une prairie humide permet de recueillir les eaux pluviales par des noues à la topographie marquée qui favorisent le développement de végétaux et constituent un milieu amphibie pouvant recevoir des espèces adaptées. Fig. 16

Les ambiances varient en fonction de la forme et l'ampleur des cours-jardins, du *design* des espaces de jeu, de la diversité des essences plantées et végétales... et enfin de la couleur des revêtements des façades. Mais ce qui est recherché avant tout est l'instauration d'un confort thermique et acoustique vécu depuis l'intérieur des logements et *in situ*, d'un ressenti en décalage, qui « produit une sensation d'apaisement et de bien-être, un rééquilibrage d'ambiance. Il donne le sentiment d'avoir quitté une ville

Fig. 16 Hüsler paysagistes, aménagement paysager des cours du quartier Oassis.

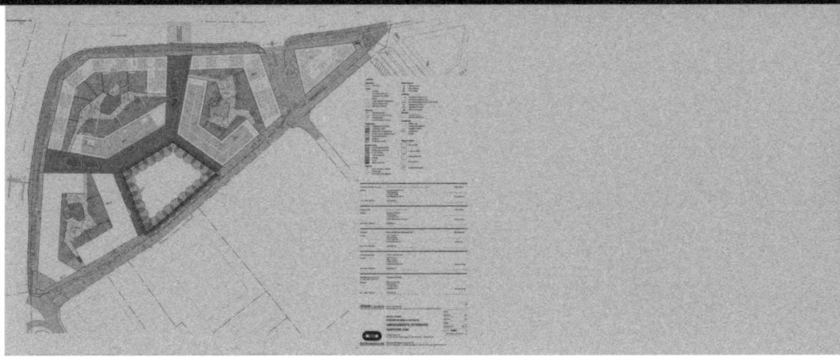

Fig. 17 Le Corbusier, toiture terrasse de son appartement au 24 rue Nungesser-et-Coli (1931-1934), à la Porte Molitor à Paris.

souvent trop animée, bruyante et minérale, où tout se fait dans la vitesse ». Solène Marry (sous la direction de), ADAPTATION AU CHANGEMENT CLIMATIQUE ET PROJET URBAIN, Éditions Parenthèses, Marseille, 2020, p. 117.

En lien : sur les toits

Enfin, le dernier principe sur lequel nous souhaitons nous attarder est celui de l'*utilisation des toitures.* La généralisation des toitures plates dès le début du 20e siècle va soulever la question de leur affectation, notamment à des fins hygiéniques et thérapeutiques. Comme on le sait, Le Corbusier va en faire l'un des *5 points d'une architecture nouvelle,* Le Corbusier, « Les 5 points d'une architecture nouvelle », in LE CORBUSIER ET PIERRE JEANNERET, L'ŒUVRE COMPLÈTE 1910-1929 (1929), Les Éditions d'Architecture, Zurich, 1964, pp. 128-129. préconisant l'adoption systématique du « jardin-terrasse opulent » – planté de fleurs, d'arbustes, d'arbres et de gazon – en tant que vecteur du progrès social, technique et, bien entendu, esthétique. Fig. 17

Pour Beatriz Colomina, « le toit-terrasse est un élément de l'architecture moderne qui permet au dehors de devenir une extension du dedans. Les sanatoriums au début du siècle possédaient tous de larges terrasses dédiées aux cures, que l'architecture moderne a intégrées dans les maisons domestiques afin de prévenir la maladie. Curieusement, on y a également inclus l'exercice physique, et bon nombre de terrasses étaient aménagées avec toutes sortes d'appareils, comme le montrent les images canoniques de l'architecture moderne ». Stéphanie Savio, « L'architecture sous rayon X. Entretien avec Beatriz Colomina », ESPAZIUM, 09.09.2020.

L'utilisation des toitures-terrasses est de nos jours plutôt envisagée dans un sens ludique et mutualisé – aménagées comme des lieux de plaisance, de sociabilité et de rencontre, notamment dans les centres urbains. D'autre part, elles servent aussi de support au développement actuel de l'agriculture urbaine, tant dans la ville dense que dans les espaces périurbains. Héritières des jardins ouvriers des siècles derniers, symboles d'une nouvelle relation dialectique ville-campagne, ces exploitations représentent une manière efficace de végétaliser des espaces « où l'agriculture et la nature retrouvent des fonctions récréatives et nourricières ». Xavier Laureau, LES 101 MOTS DE L'AGRICULTURE URBAINE À L'USAGE DE TOUS, Archibooks + Sautereau Éditeur, Paris, 2016, p. 31.

Les surfaces au sol à disposition se faisant de plus en plus rares, l'agriculture urbaine se développe en hauteur, et investit des toitures partagées qui peuvent ainsi servir à la production durable de denrées alimentaires mises à la disposition des habitants. À Oassis, une partie importante des toitures des immeubles des îlots est aménagée en jardins potagers – quelque 600 m² de cultures réparties en bacs – et en surfaces extensives.

Ces belvédères, offrant une vue saisissante vers le lac et le paysage, accueillent ainsi des espaces communs de culture Gérés par le collectif Légumes perchés dans une optique de production, socialisation et sensibilisation. qui contribuent à générer et à enrichir la vie en collectivité, à l'origine d'un sentiment d'appartenance communautaire – des espaces d'un nouveau genre, support de pratiques agricoles alternatives, qui témoignent aussi de la capacité des quartiers et de la ville à se réinventer face aux enjeux actuels.

Un îlot vert

Le dernier îlot qu'on aimerait ici évoquer est un espace public majeur engazonné situé au cœur du quartier, un vide délimité par des arbres sur son pourtour et dédié à la détente et aux loisirs des habitants – cela en réponse à l'une des demandes du cahier des charges des MEP qui sollicitait les participants à évaluer la faisabilité d'un réel espace de verdure, ample et de qualité. Mandats d'étude parallèles LENTILLIÈRES NORD-CRISSIER, UN QUARTIER CÔTÉ JARDINS, rapport du collège d'experts, Bureau du Schéma directeur de l'Ouest lausannois, Renens, janvier 2013, p. 10.

Dans le projet lauréat, cet espace, « connecté aux autres aménagements paysagers et entrant en résonance avec l'activation des rez-de-chaussée, accueille un édifice public à vocation multifonctionnelle. [...] De forme courbe et d'expression vitrée, le pavillon accueille des fonctions transférées depuis d'autres quartiers, comme la bibliothèque communale et le centre de loisirs Transit, ainsi qu'une nouvelle salle publique polyvalente de 100 places ». Emmanuel Rey, « Synergies au service de la régénération urbaine. L'expérience du quartier Oassis à Crissier », les CAHIERS D'ESPACE SUISSE – SECTION ROMANDE, n° 1, 2021, p. 23.

Dès lors, on peut constater que le « monde intérieur » du quartier d'Oassis tisse des liens avec l'extérieur. En effet,

« par son rôle dépassant largement les limites du quartier, cet édifice est amené à jouer un rôle important dans les interactions socioculturelles et les activités associatives, non seulement au sein du quartier, mais également entre cette nouvelle portion de ville et le reste du territoire communal ». Ibidem, p. 24. Cette présence d'équipements collectifs nous rappelle à nouveau certains *Höfe* viennois des années 1920 et 1930, dont les cours étaient aussi ponctuées de pavillons, épicentres de la sociabilité des habitants. Fig. 18

« Vivre comme à la ville » : la mixité, vecteur de l'animation de l'espace public

De nos jours, il est courant de considérer que les notions de densité et de mixité vont de pair, générant ensemble l'urbanité des quartiers et l'intensification des relations sociales de leurs habitants. À Oassis, les architectes déclinent plusieurs formes de mixité : typologique et sociologique – à travers la diversité intergénérationnelle des logements des îlots semi-ouverts et le foyer de personnes âgées avec une centaine de logements adaptés et des espaces communautaires – et enfin fonctionnelle, par la présence de multiples activités commerçantes dans le rez des immeubles.

Pour le collège d'experts des MEP, « l'ensemble des espaces collectifs extérieurs est jugé d'une qualité fonctionnelle, socioculturelle et environnementale remarquable [...] L'ensemble des rez-de-chaussée en relation avec la place ou les rues internes au quartier ainsi que le long des RC 179 et 82 est entièrement dévolu aux équipements, aux commerces et services de proximité ou aux surfaces administratives ou commerciales. Cette volonté de répartir ces affectations génératrices de vie sociale sur l'ensemble du projet amène une véritable plus-value au projet en faisant vivre les espaces publics de ce nouveau quartier ». Mandats d'étude parallèles LENTILLIÈRES NORD-CRISSIER, UN QUARTIER CÔTÉ JARDINS, rapport du collège d'experts, Bureau du Schéma directeur de l'Ouest lausannois, Renens, janvier 2013, p. 38.

L'autre plus-value réside dans la réouverture du quartier vers l'extérieur, apportant ainsi une pointe de nuance et un contrepoint au « monde intérieur » qui sous-tend l'approche architecturale. Les façades métalliques largement vitrées du rez-de-chaussée créent une forme de transparence, de luminosité et de porosité, orientant en même temps les enseignes commerciales côté route, là où leur visibilité est la plus efficace.

Ces devantures sont les signes d'une nouvelle urbanité et d'une animation qui s'étend aux quartiers, actuels et en devenir, aux abords d'Oassis. Des venelles éclairées par des luminaires suspendus, ponctuées par des bacs plantés comprenant une strate basse vivace et une strate arbustive, guident le visiteur vers le cœur de l'ensemble bâti et le parc central engazonné. En face de ce dernier, une suite de restaurants prend place dans le socle de l'îlot, se prolongeant par des terrasses sur une esplanade.

Habitabilité des espaces domestiques

« La forme du bâtiment, les matériaux utilisés et la conception des détails ne sont nullement déterminés par les seules règles de la construction écologique » : Benedikt Loderer, « The State of the Bauart », op. cit., p. 10. en général, les architectes de Bauart, confrontés à un projet, établissent des options urbanistiques et architecturales préalables, avant d'approfondir, dans une dynamique d'intégration et d'ouverture à l'interdisciplinarité, la recherche des solutions techniques les plus appropriées. Au bénéfice d'une vaste expérience en matière d'architecture durable, cette démarche itérative et ciblée permet de maintenir une cohérence spatiale et expressive, tout en visant des performances élevées en termes environnementaux, énergétiques, climatiques et autres.

La réflexion sur la durabilité de ces logements dépasse les seuls enjeux écologiques et concerne aussi la diversité des typologies, afin de répondre aux attentes des habitants et aux différents types de ménages, composés de nos jours de familles traditionnelles, recomposées, multigénérationnelles, colocations, entre autres. Cette diversité se traduit par la variation à la fois de la taille (qui s’échelonne du studio au 4,5 pièces) et de la configuration spécifique des logements.

À Oassis, les immeubles pliés qui définissent les îlots présentent des distributions et épaisseurs différentes : ceux implantés en limite extérieur du site sont relativement minces (environ 10 mètres). Des noyaux de circulation verticale (ascenseurs et escaliers à deux volées), intégrés le long de la façade exposée au bruit, desservent par palier deux logements traversants qui encadrent un non-traversant, orienté sur la cour-jardin.

En contraste, les immeubles qui délimitent les cours à l’ouest et au sud, moins exposés aux nuisances sonores, sont plus profonds. Ils contiennent au centre des ascenseurs et des escaliers à une seule volée, qui distribuent quatre logements par palier constitués de deux traversants disposés de part et d’autre de deux non traversants, ces derniers étant orientés vers les deux façades respectives.

Trois figures

Cette différenciation dans les morphologies, les orientations solaires et les expositions aux nuisances va avoir un impact sur la configuration des logements et l’organisation des espaces domestiques. Il est à noter cependant que les architectes privilégient souvent l’utilisation d’un plan sans couloir, réputé très efficace tant sur le plan fonctionnel qu’économique, notamment en termes de surface.

À partir de là, on peut distinguer trois figures distinctes : la première est celle de la *dualité* des espaces représentatifs et intimes : les séjours, associés aux cuisines et prolongés par des balcons systématiquement orientés vers les cours-jardins, sont dans ce cas séparés par un petit espace de dégagement des chambres alignées. Celles-ci génèrent une bande épaisse et continue le long des façades donnant vers l’extérieur et les nuisances sonores. Cette figure prévaut essentiellement dans les immeubles minces.

Une deuxième figure est celle de la *profondeur*: dans ces cas, la cuisine ouverte, située dans une position centrale et proche de l'entrée, s'ouvre latéralement sur l'espace du séjour dont la dimension longitudinale se prolonge, à travers une porte double, Voir à ce sujet QUARTIER ECOPARC BAUART #2, Birkhäuser, Bâle, Boston, Berlin, 2009. par une pièce orientée sur cour. Ce dispositif – que Bauart avait expérimenté auparavant au sein du quartier Ecoparc, à Neuchâtel – Sur la Diele, voir Bruno Marchand, Alexandre Aviolat, LOGEMENTS EN DEVENIR, CAHIER DE THÉORIE N° 12, PPUR, Lausanne, 2015, pp. 39-40. confère une grande amplitude spatiale aux logements situés dans les immeubles plus épais, leur accordant en même temps un potentiel d'aménagement différencié.

Enfin, d'autres logements se caractérisent par la *centralité* de leur séjour, conçu comme une pièce centrale qui commande toutes les pièces adjacentes – un dispositif hérité de la tradition germanique et appelé *Diele*. Dans cette troisième figure, la perception de l'ampleur de cet espace est intensifiée par les relations visuelles qu'il entretient avec la cuisine ouverte, encastrée dans le mur du fond, et avec l'extérieur à travers les balcons.

« Cuisines meublées »

À plusieurs reprises, les architectes se servent de parois coulissantes ou de portes à double battants (celles-ci participant dans le logement bourgeois à l'enfilade des pièces) qui permettent de décloisonner les espaces et de leur conférer un caractère ambivalent, à la fois fermé et ouvert, intime et collectif. Cela participe d'une forme d'innovation *soft*, non radicale, qui préconise la réintroduction et la réactualisation de dispositifs traditionnels, reconnus pour leur efficacité.

C'est une forme de logement flexible et polyvalent, pouvant être adapté aux besoins spécifiques des habitants par des dispositifs architecturaux et constructifs simples et de peu d'importance. À Oassis, comme à Ecoparc, « des espaces avec des portes plus importantes qu'usuellement (coulissante ou à double vantail) permettent ainsi d'utiliser certaines pièces comme chambre usuelle, chambre d'ami, bureau ou simplement comme prolongement de l'espace jour». http://www.quartierecoparc.ch, guide pratique USE IT, chapitre confort/flexibilité.

Dans un esprit similaire, on aimerait aussi évoquer la notion de *meuble* qui caractérise la configuration et l'expression de la plupart des cuisines, souvent conçues comme une niche, ouverte ou contenue dans l'espace : ce sont des «cuisines meublées» qui font partie intégrante du séjour. On peut relever un avantage économique certain de ce dispositif, la surface de la cuisine se cumulant avec celle du séjour, dans un espace amplifié. De même, cela exige un soin constant du rangement et de l'entretien, étant donné sa visibilité et le désordre inhérent à la pratique de faire à manger.

Mais pour certains habitants, ce genre de cuisine possède d'indéniables qualités, car «cette ouverture la rend "noble", elle s'affiche, elle s'affirme dans l'espace de réception qu'est le séjour». Monique Eleb, Philippe Simon, Entre confort, désir et normes. LE LOGEMENT CONTEMPORAIN 1995-2012, Éditions Mardaga, Bruxelles, 2013, p. 225.
On peut enfin y voir l'idée déjà émise dans les années 1950 par Le Corbusier, dans un discours à la fois essentiel et archaïque sur le rôle rassembleur du feu et du foyer (là où se tient le groupe familial) : «la salle est une cuisine et vice versa : la cuisine est une salle.» Le Corbusier, «La liberté première individuelle», HABITATION, n° 11, 1950, pp. 13-14.

Dans l'unité... matérialités et expressions contrastées

L'expression architecturale des îlots semi-ouverts procède d'une logique précise : le pourtour extérieur, faisant face tant aux axes de circulation qu'aux espaces publics du quartier, affiche une certaine minéralité et un poids apparent ; par contraste les façades donnant sur les cours intérieures arborent des revêtements métalliques légers, aux textures et teintes diverses (cuivrées, dorées et bronze) avec des expressions différenciées par îlot.

Dans ces langages opposés, on peut voir le souhait de la part de Bauart de réintroduire dans le quartier l'expérience de la multiplicité des situations urbaines que, par principe, l'architecture doit refléter. Dans la ville traditionnelle, il est en effet courant que les façades érigées face au domaine public affichent une certaine représentativité et que les expressions sur cour soient plus retenues et « ordinaires », en conformité avec des usages plus quotidiens, domestiques.

À Oassis, les façades de l'extérieur des îlots sont constituées de l'assemblage de panneaux préfabriqués en béton qui suscitent une impression de solidité et de permanence. Ce choix constructif fait certainement écho à l'idée, exprimée par Hans Kollhoff, que « la substance de la ville, si on veut qu'elle entre dans l'histoire, doit pouvoir durer dans le temps ; elle doit donc "peser son poids" ». À l'incitation à la permanence, dans le sens des temps longs de l'urbain, on pourrait adjoindre l'idée, évoquée au début de cet essai, de la résilience à un environnement suburbain bruyant et agité.

Hans Kollhoff, L'ARCHITECTURE EN QUESTION : 15 ENTRETIENS AVEC DES ARCHITECTES, Le Moniteur, Paris, 1996, p. 101.

La division tectonique de la façade se développe à partir d'un jeu d'alternances et de décalages de pans, avec trois traitements de façade différents : lisse, fortement et légèrement sablés. Dans l'ensemble, la composition ressort de l'assemblage d'éléments préfabriqués en béton, aux dimensions différenciées, qui encadrent des loggias et des fenêtres verticales avec des garde-corps métalliques à barreaux également disposés verticalement. Ces ouvertures, déclinées en trois modules de largeur, sont souvent disposées en décalage, générant une vibration au sein des surfaces minérales.

Sur cour, la plupart des logements se prolongent par des balcons en saillie, ce qui nous rappelle que la qualité des logements durables provient aussi de la richesse de leurs prolongements extérieurs. D'une certaine ampleur et dimensionnés de façon à autoriser plusieurs types d'usage, ces éléments font également l'objet d'une expression recherchée : souvent décalés les uns par rapport aux autres, ils adoptent, selon les cours, de multiples formes, du L au U, jusqu'au cadre en saillie.

Or cette rhétorique architecturale affirmée s'éloigne des expressions retenues, quotidiennes, de la ville traditionnelle que l'on citait plus haut. Cependant, cette emphase laisse entrevoir un enjeu contemporain : en effet, on peut souscrire à l'idée que « la volonté de décliner des îlots avec des identités distinctes fait écho à l'environnement suburbain très disparate et restitue en quelque sorte la complexité qui caractérise ce quartier, censé agréger la plupart des fonctions de vie urbaine : l'habitat, le travail, la restauration, les services et les loisirs ». Christophe Catsaros, « De l'urbanité au cœur de la non-ville périphérique », ARCHISTORM, n° 109, 2021, p. 156.

Par sa logique singulière d'hybridations, à la fois complexes et subtiles, le quartier Oassis relève le défi inhérent à la création contemporaine d'un nouveau quartier suburbain. Il parvient à fonder un véritable lieu de vie, tissant des liens culturels avec des valeurs urbaines séculaires, tout en intégrant de multiples enjeux incontournables liés à la transition écologique.

La vue du quartier depuis l'ouest met en évidence les cinq entités constitutives de sa morphologie urbaine, qui combine trois îlots semi-ouverts, un pôle tertiaire et un parc public incluant le pavillon communal.

The view of the district from the west highlights the five constituent entities of its urban morphology, which combines three semi-open blocks, a service center and a public park including the community building.

ABC Îlots semi-ouverts
D Pôle tertiaire
E Pavillon communal | Espace Philippe Rochat

Semi-open blocks
Service center
Community pavilion | Espace Philippe Rochat

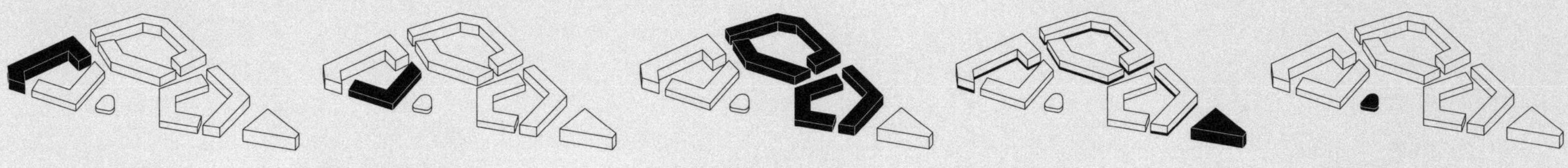

Résidence seniors
Senior citizens' residence

Appartements PPE
Freehold apartments

Appartements en location
Rental apartments

Commerces | Bureaux
Shops | Offices

Pavillon communal
Community pavilion

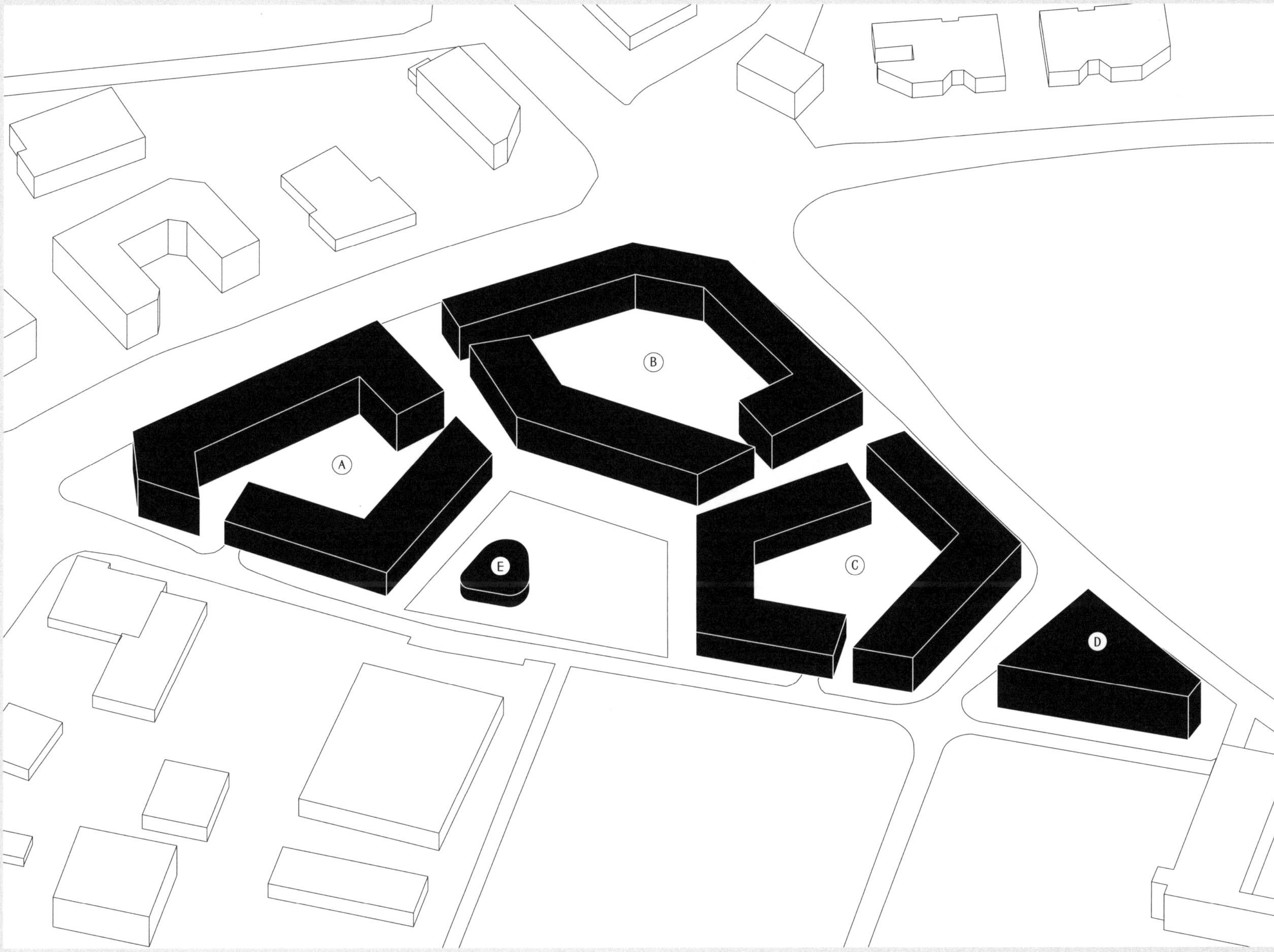

Plan du rez-de-chaussée

Ground floor plan

1:1000

Plan d'étage

Standard floor plan

1:1000

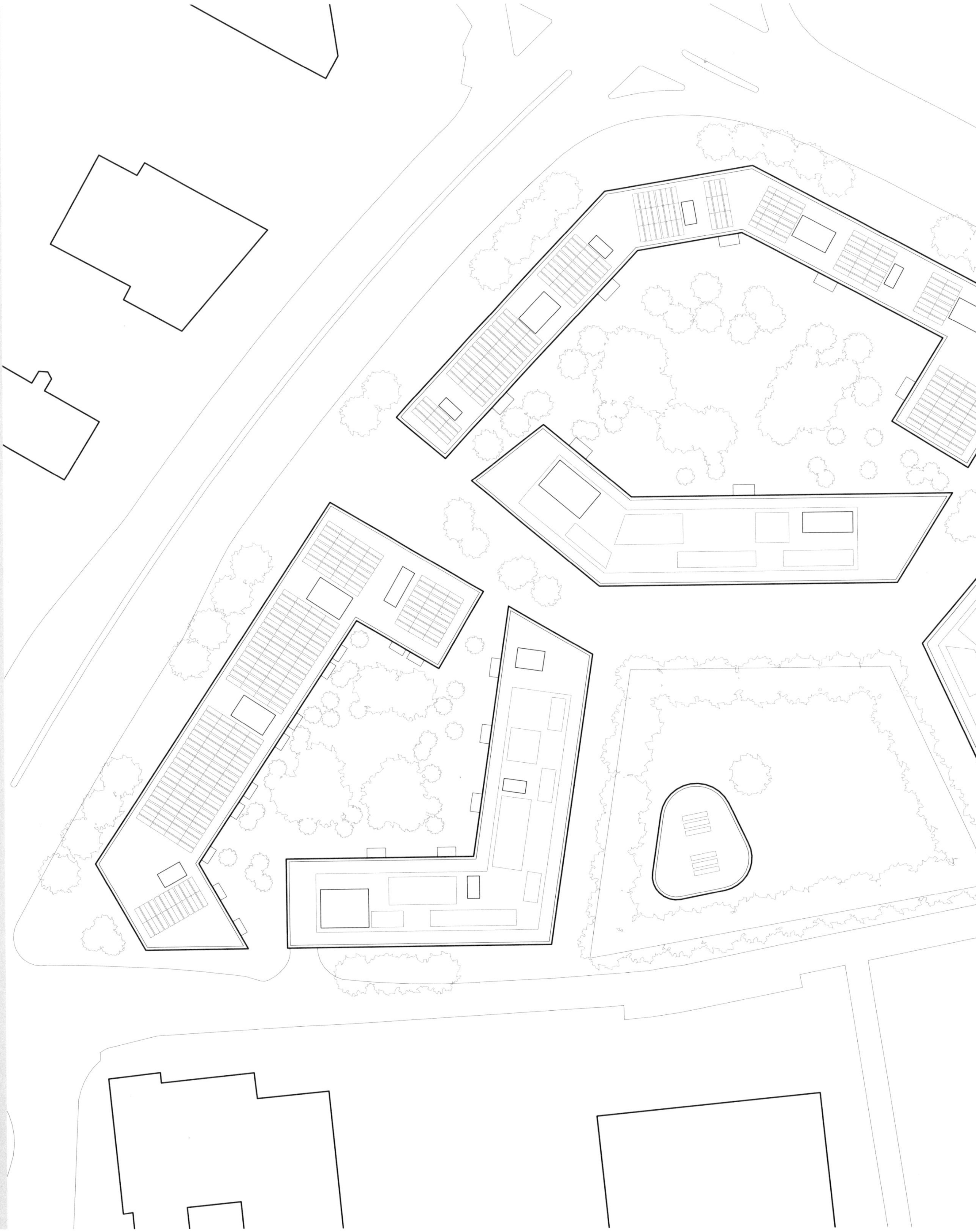

1:1000

AA

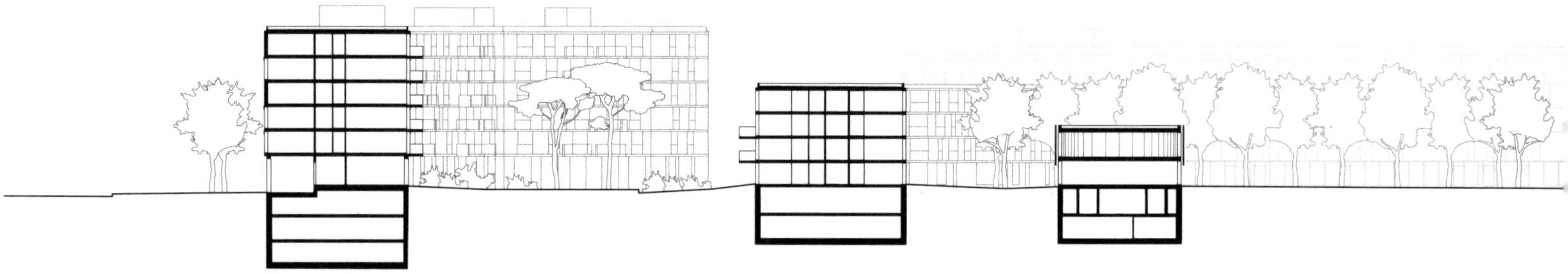

BB

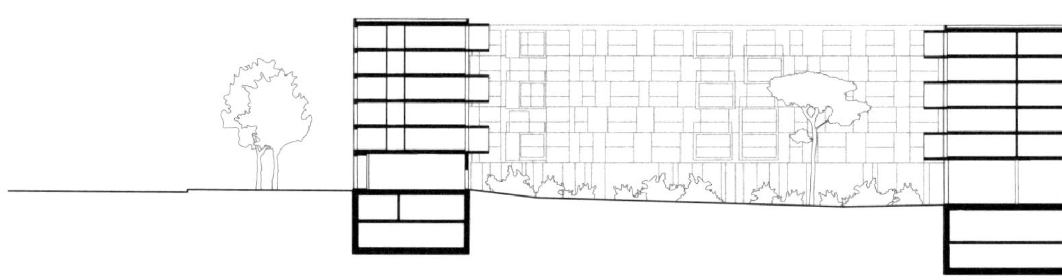

CC

1:1000 0 10 20 50 70 m

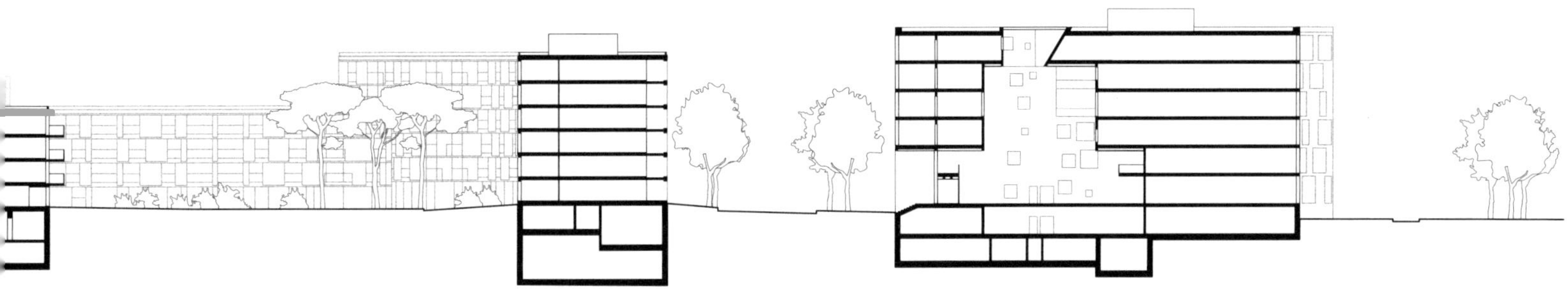

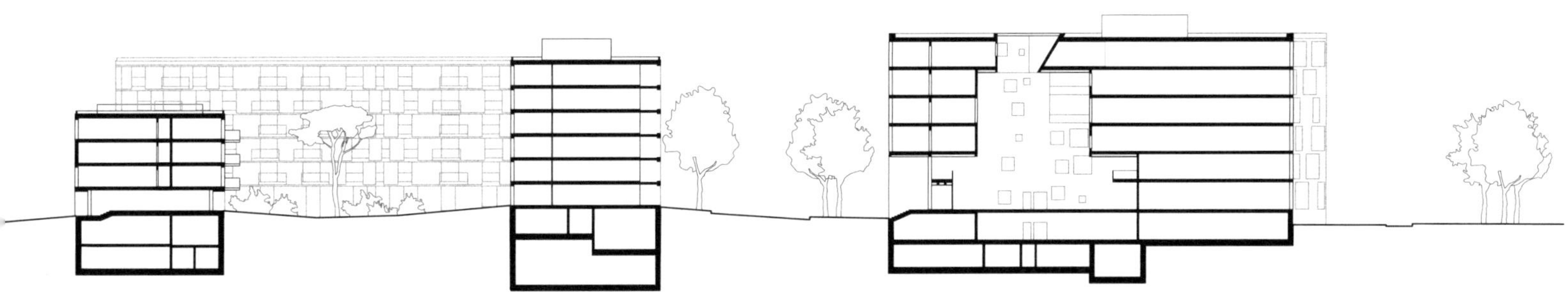

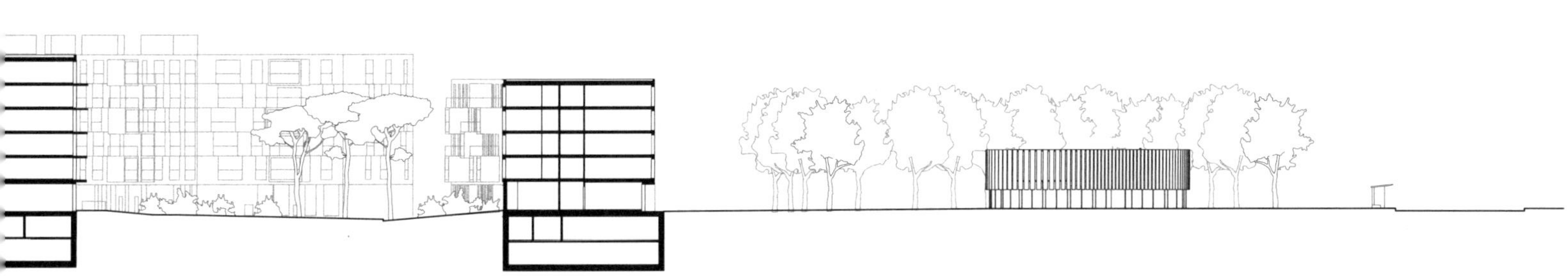

Mixité

Logements

1. Résidence seniors
2. Appartements en location
3. Appartements en propriété par étage

Activités

4. Centre médical
5. Crèche
6. Coiffeur
7. Fitness
8. Lancer de haches
9. Commerces de proximité
10. Restaurants
11. Bureaux
12. Bibliothèque communale
13. Centre de jeunesse Transit
14. Salle polyvalente

Mixity

Housing

1. Senior citizens' residence
2. Rental apartments
3. Freehold apartments

Activities

4. Medical center
5. Crèche
6. Hairdresser
7. Gym
8. Axe throwing
9. Local shops
10. Restaurants
11. Offices
12. Community library
13. Transit youth center
14. Multi-purpose hall

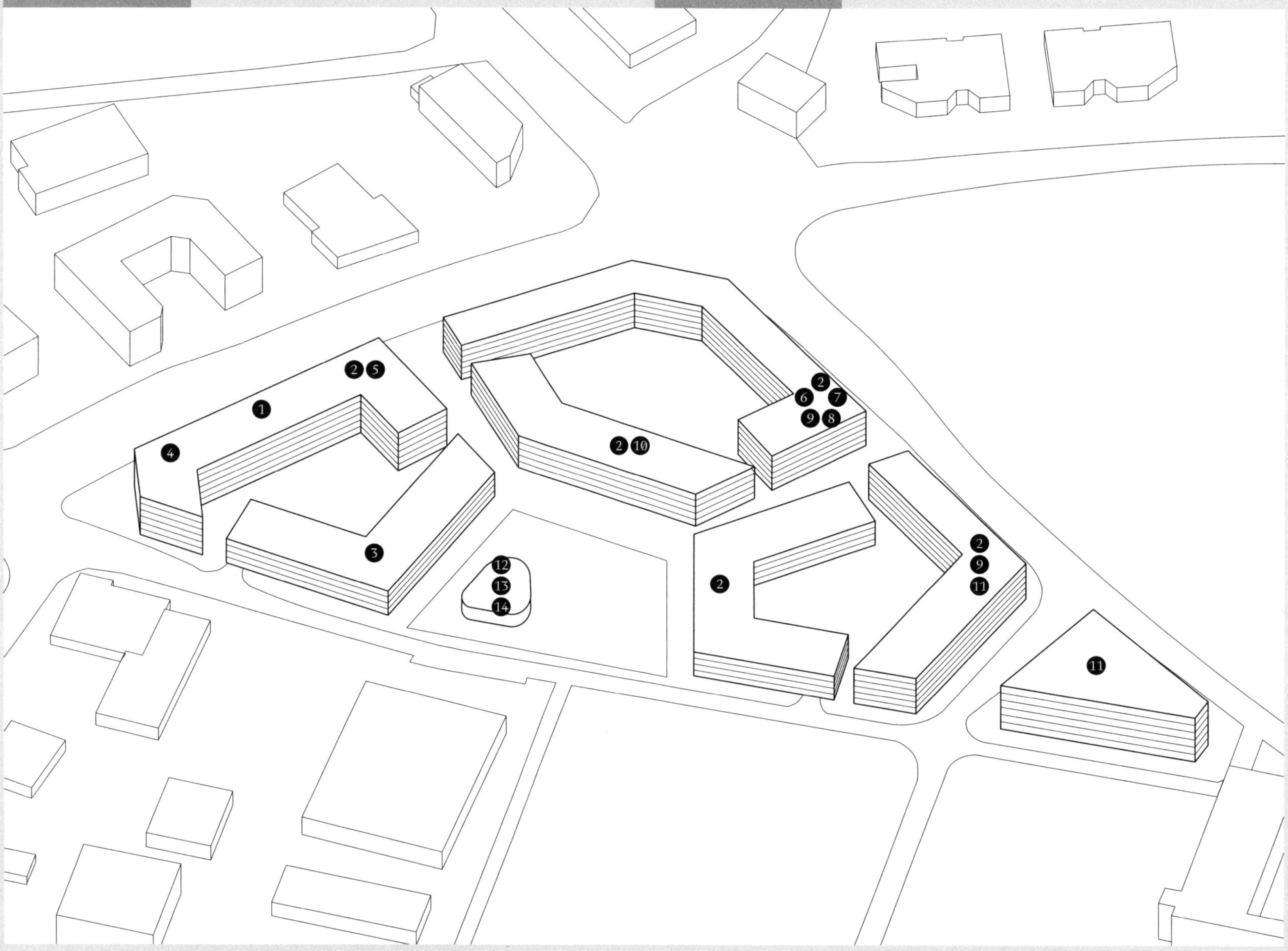

Si les enjeux liés à la transition écologique ont été intégrés à la démarche architecturale dès la phase de concours, leur concrétisation a été l'occasion de générer plusieurs synergies supplémentaires au cours de la conception et la réalisation du quartier. Les dimensions qui peuvent être relevées ici concernent notamment la promotion de la mixité fonctionnelle et socioculturelle, la flexibilité d'usages, la création d'une association de quartier, la connexion aux transports publics, le maillage des réseaux de mobilité décarbonée, la gestion des ressources (sol, énergie, eau), le recours important aux énergies renouvelables, la multiplicité des espaces verts pour la biodiversité, le bien-être et l'adaptation climatique.

Mobilité

❶ Bus à haut niveau de service (BHNS)
❷ Bus des transports publics lausannois (TL)
• • • Piste cyclable (voie rapide)
····· Mobilité douce
❸ Station de vélos en libre-service (PubliBike)
❹ Liaisons vers les quartiers voisins
❺ Accès au parking sous-terrain

Mobility

❶ Rapid transit bus service (BHNS)
❷ Lausanne transport service (TL)
• • • Cycle path (expressway)
····· Sustainable mobility
❸ Self-service bicycle hire (PubliBike)
❹ Links to neighboring districts
❺ Underground parking lot access

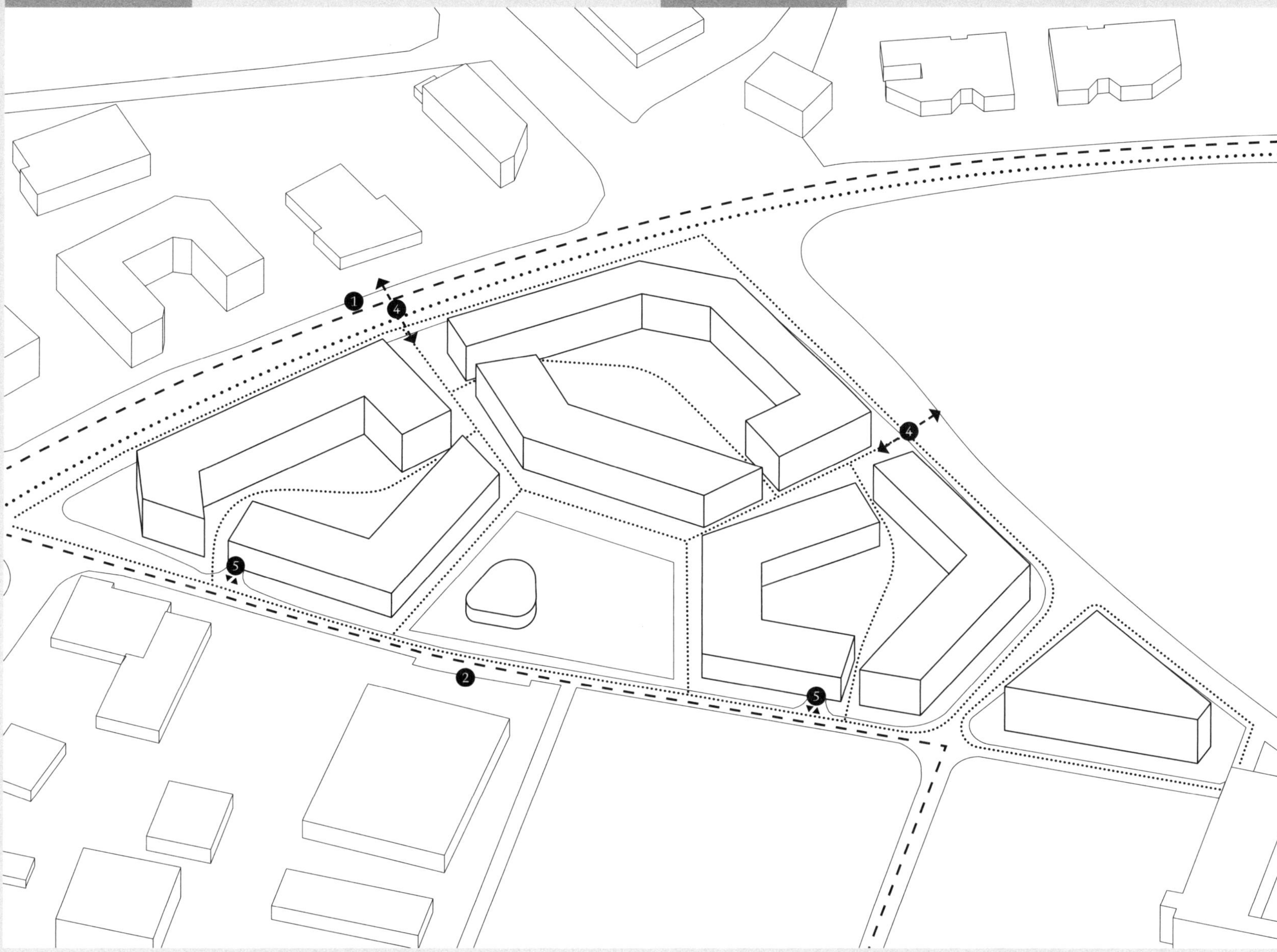

While the challenges of ecological transition were taken into account in the architectural concept at the competition stage, a number of additional synergies were generated at the design development and construction stages. These included the promotion of a functional and sociocultural mix, flexibility of use, the creation of a neighborhood association, access to public transport, a variety of low-carbon mobility networks, resource management (soil, energy and water), the extensive use of renewable energy, and a multiplicity of green spaces that promote biodiversity, well-being and climate adaptation.

Énergies renouvelables

1. Réseau de chauffage à distance – 100 % par biomasse (Cricad)(– ➔)
2. Centrale photovoltaïque en toiture pour l'autoconsommation (·····)
3. Microgrid (micro-réseau privé d'électricité) Romande Énergie

Renewable energy

1. District heating network – 100 % by biomass (Cricad)
2. Rooftop photovoltaic power plant for in-house consumption
3. Microgrid (private electricity micro-grid) Romande Energie

La vue depuis le Chemin des Lentillières, réaménagé de manière coordonnée avec l'édification du nouveau quartier, révèle la connexion directe entre le parc public et la ligne des transports publics lausannois. En tant qu'édifice à vocation publique, le pavillon communal se situe à proximité de cette desserte en ouest, en s'implantant directement derrière la rangée d'arbres cerclant l'Espace Philippe Rochat.

Espace verts

4 Parc public végétalisé et arborisé
5 Cours-jardins végétalisées et arborisées
6 Jardins potagers (gérés par Légumes Perchés)
7 Noues d'orage
8 Places de jeux

Green spaces

4 Public park with trees and shrubs
5 Garden courtyards planted with trees
6 Vegetable gardens (managed by Légumes Perchés)
7 Storm drains
8 Play areas

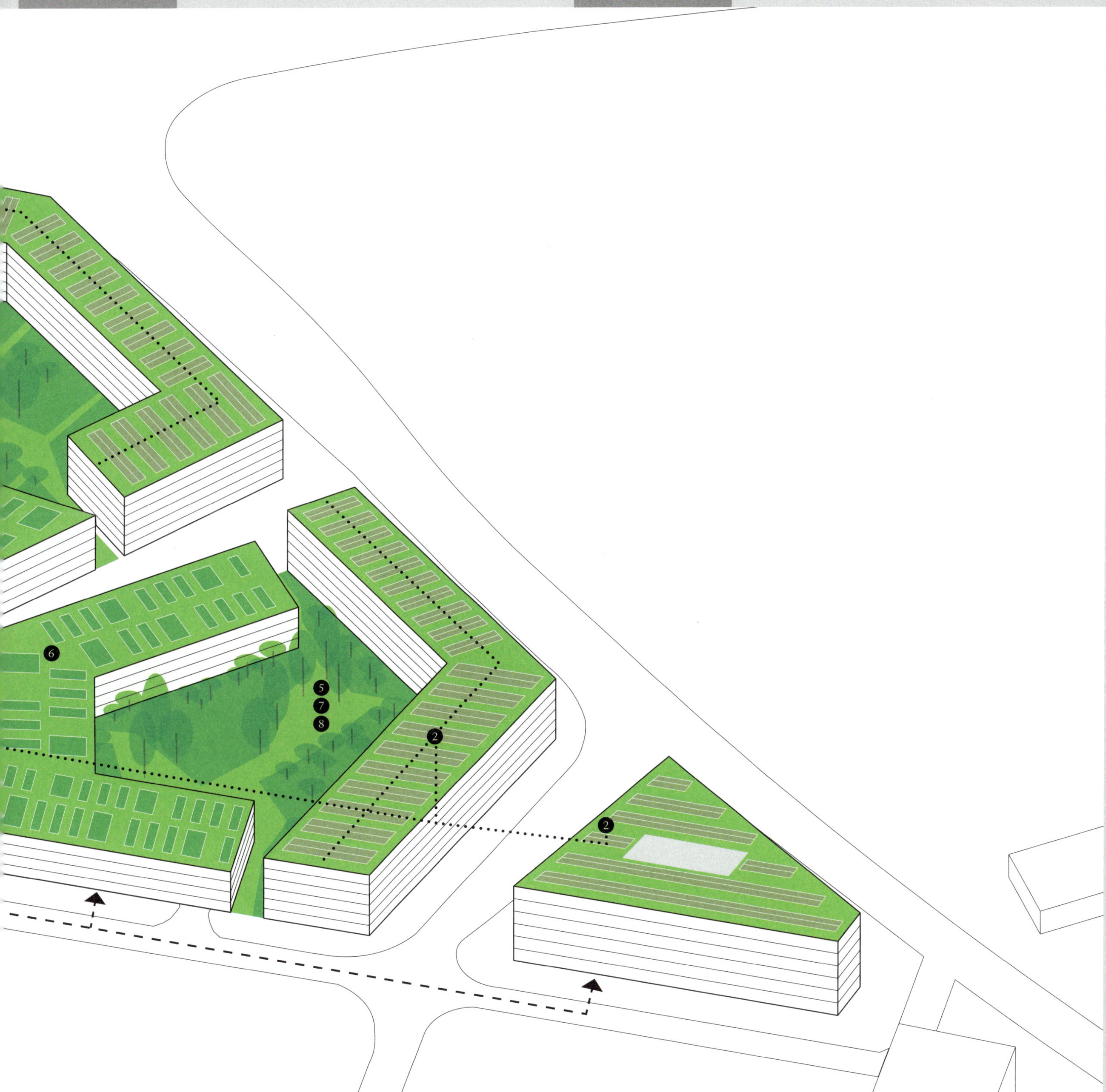

The view from Chemin des Lentillières, redeveloped in coordination with the construction of the new district, reveals the direct connection between the public park and the Lausanne public transport service. As a public building, the community pavilion (inaugurated as the Espace Philippe Rochat) is located close to this western connection, directly behind the row of trees that lines the green space.

Lentillières
36
Lentillières

Plan du RDC | Ground floor plan 1:500

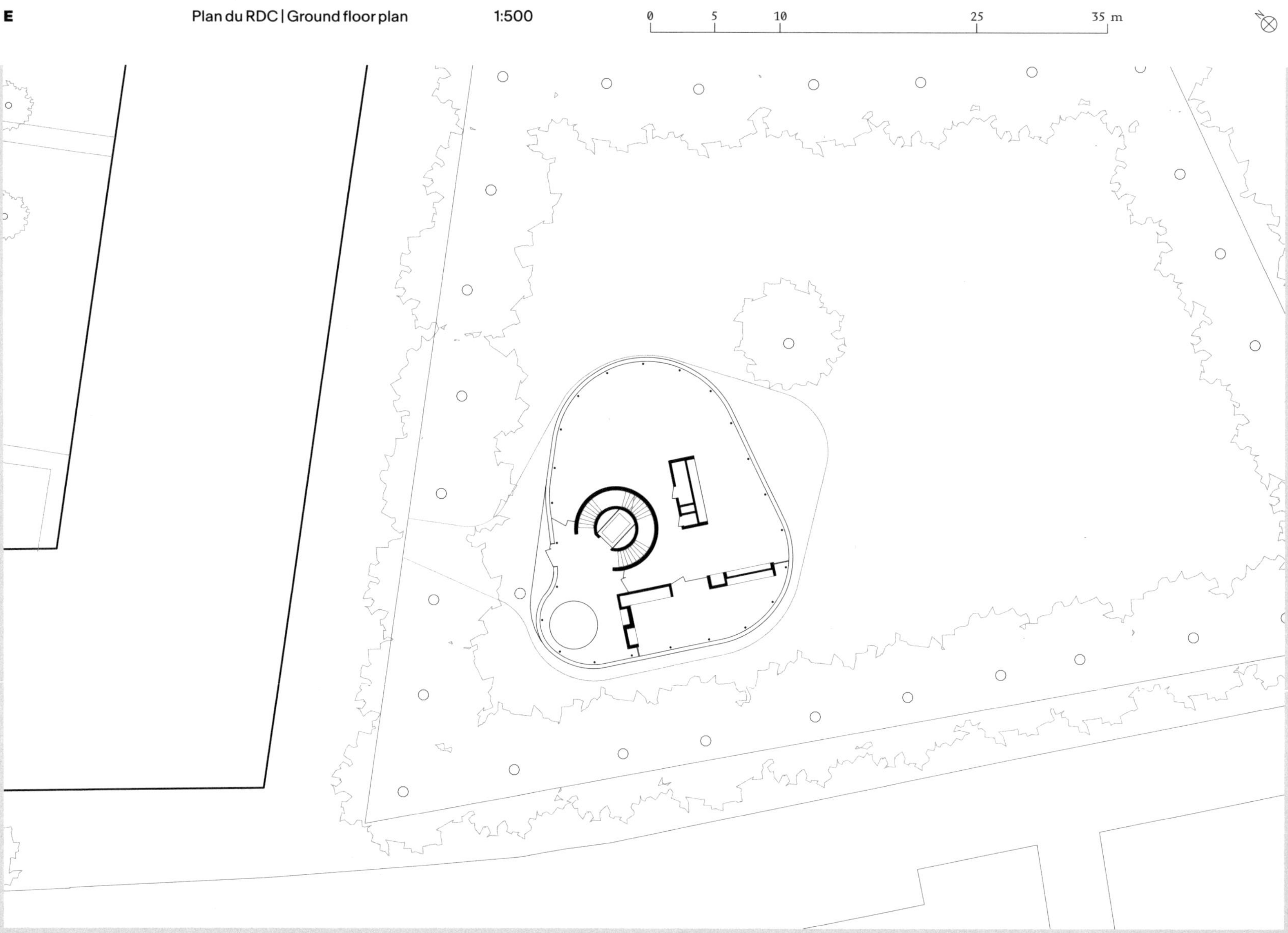

Plan d'étage | Upper floor plan

1:500

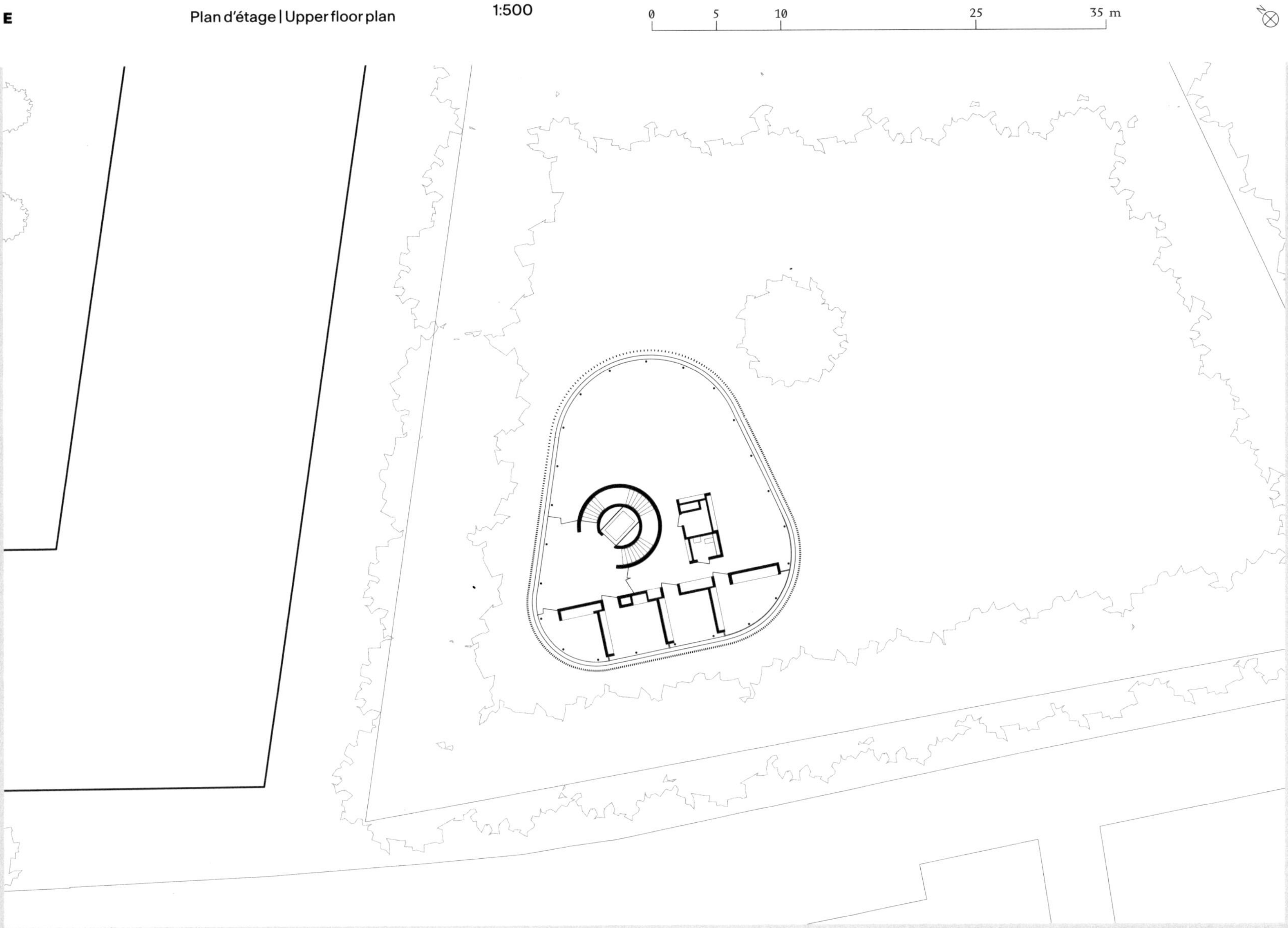

Coupe transversale | Cross-section 1:500

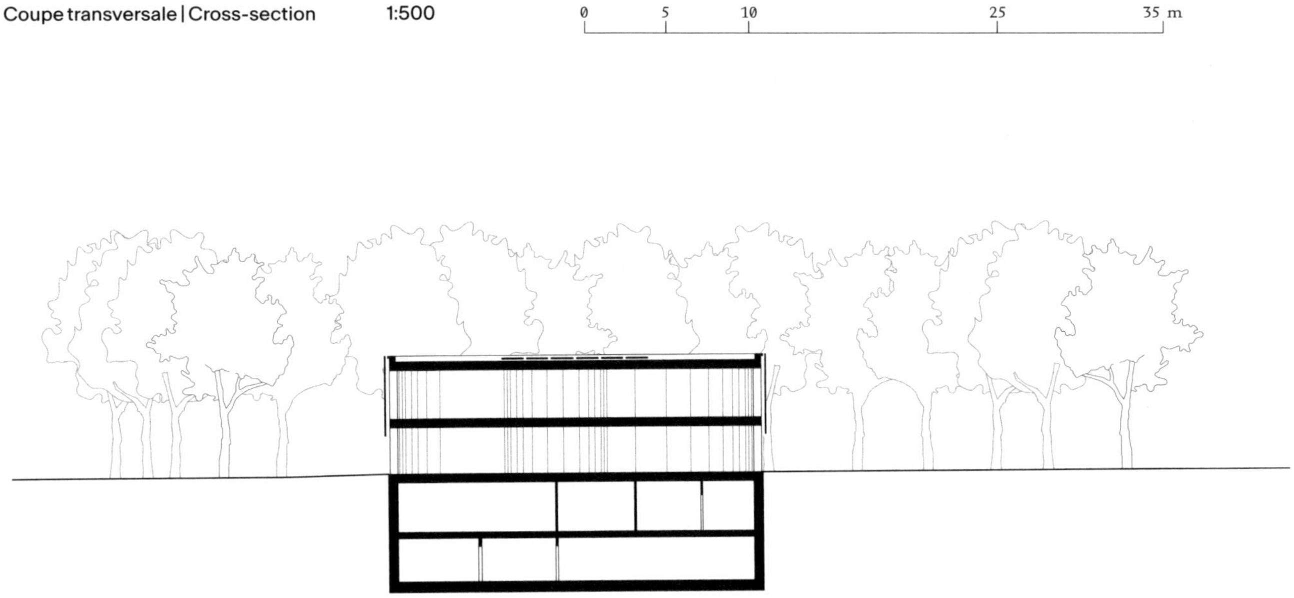

Par sa forme courbe et sa façade à l'expression filigrane, le pavillon communal marque de sa présence le parc public, tout en offrant un écrin spécifique à des activités à vocation socio-éducatives et associatives. Le rez-de-chaussée se signale par sa grande transparence, tandis que l'étage de la bibliothèque est protégé par un claustra constitué de lamelles verticales.

L'architecture intérieure du pavillon communal se caractérise par une fluidité des espaces et une cohérence des registres expressifs, qui permettent de répondre tant aux besoins du centre de jeunesse Transit en rez-de-chaussée qu'à ceux de la bibliothèque municipale à l'étage et de la salle polyvalente au sous-sol.

The curved shape and filigree facade of the community pavilion announces its presence in the public park while providing a special setting for social, educational and community activities. The ground floor is characterized by high transparency, while the upper floor with the library is shaded by a screen of vertical slats.

The interior of the community pavilion is characterized by a fluidity of spaces and a coherence of expressive registers, enabling it to meet the needs of the Transit youth center on the ground floor, the municipal library on the upper floor and the multi-purpose hall in the basement.

Plan du rez-de-chaussée

Ground floor plan

1:500

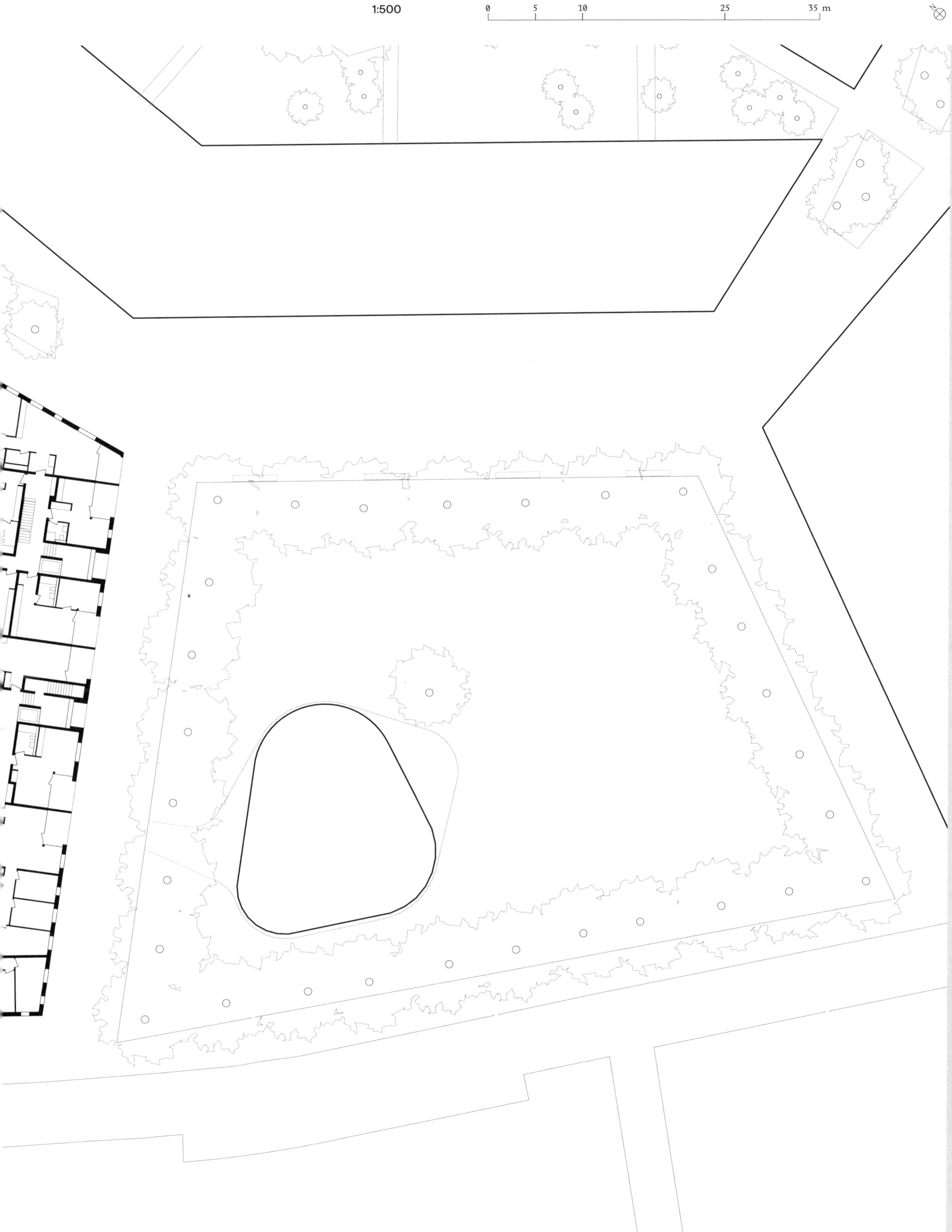

1:500

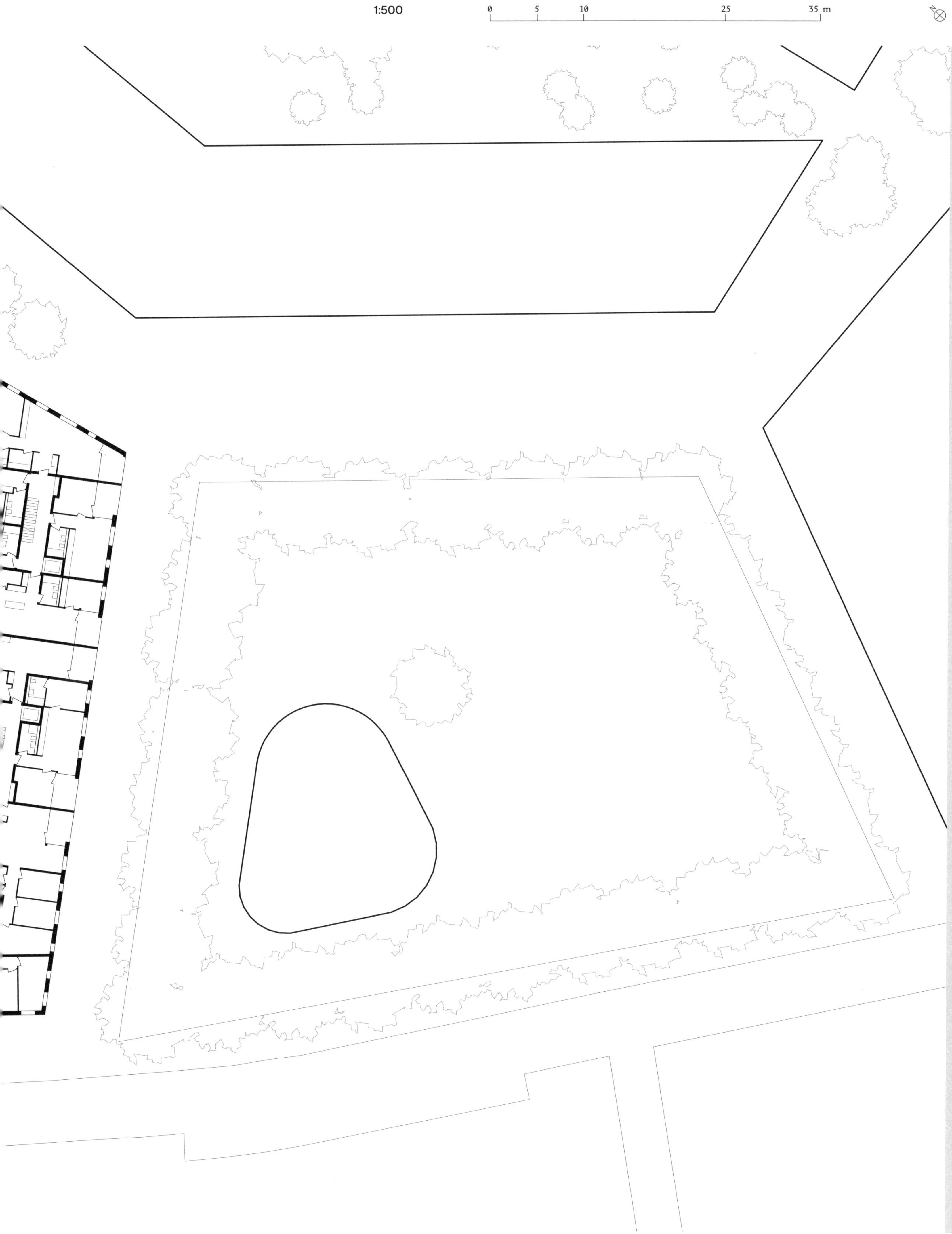

A Coupe transversale | Cross-section 1:500

0 5 10 25 35 m

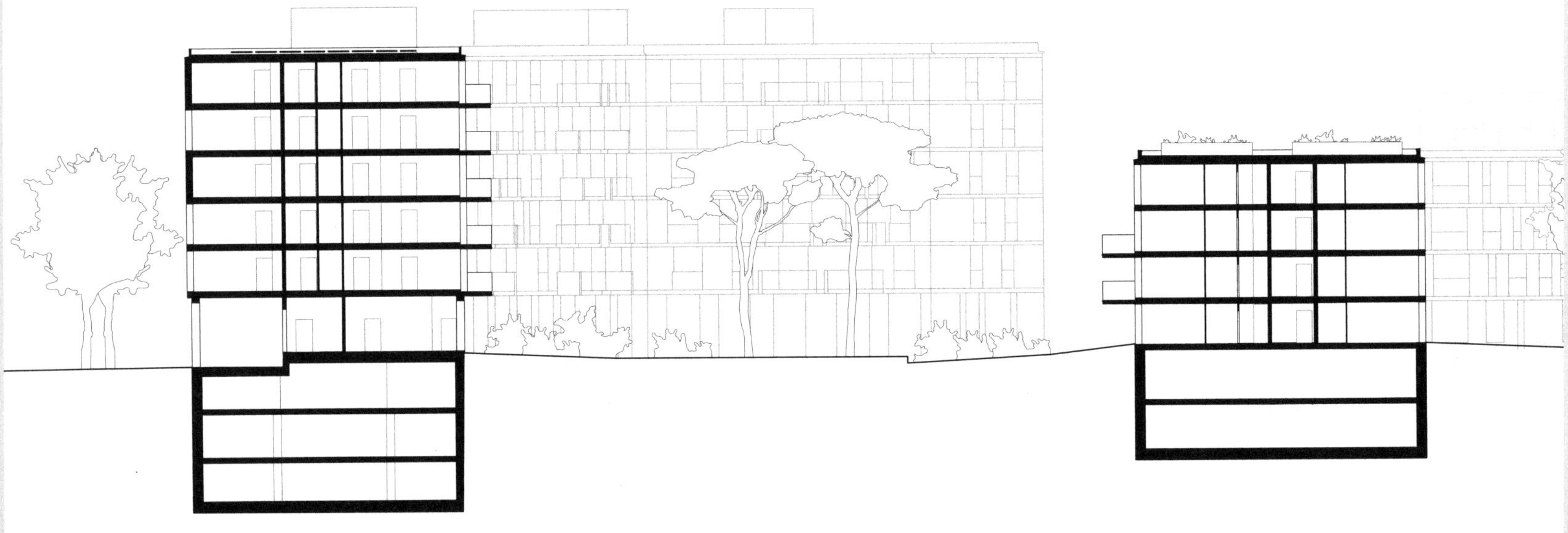

L'îlot semi-ouvert situé à l'angle nord-ouest du quartier se caractérise par une grande mixité programmatique et résidentielle. Autour de la cour-jardin arborisée s'y côtoient un centre médical, une crèche, une résidence pour seniors et des logements de typologies et configurations diverses.

L'expression architecturale des façades permet de s'adapter aux différentes fonctions, de sorte à créer un ensemble à la fois diversifié et cohérent. Pour les activités, un accent particulier est mis au niveau des espaces d'entrée donnant vers l'extérieur du quartier, notamment par la création de deux importants halls d'accueil pour le centre médical et pour la résidence des personnes âgées. Au niveau des logements, un soin est apporté au niveau des espaces extérieurs privatifs par l'aménagement de balcons dans la cour-jardin, de « jardins d'hiver » pour les appartements protégés et de loggias pour ceux donnant sur le parc public.

The semi-open block at the north-western corner of the district is characterized by a high degree of mixed-use and residential development. Around the tree-lined courtyard garden, a medical center, a crèche, a residence for senior citizens, and housing units of various types and configurations rub shoulders.

The architectural expression of the facades adapts to the different functions, creating a diversified yet coherent whole. In the case of the activities, particular emphasis is placed on the entrance areas facing the surrounding neighborhood, notably through the creation of two large reception halls for the medical center and the senior citizens' residence. In the residential units, particular attention is paid to private outdoor spaces, with balconies in the garden courtyard, "winter gardens" for the sheltered apartments and loggias for those overlooking the public park.

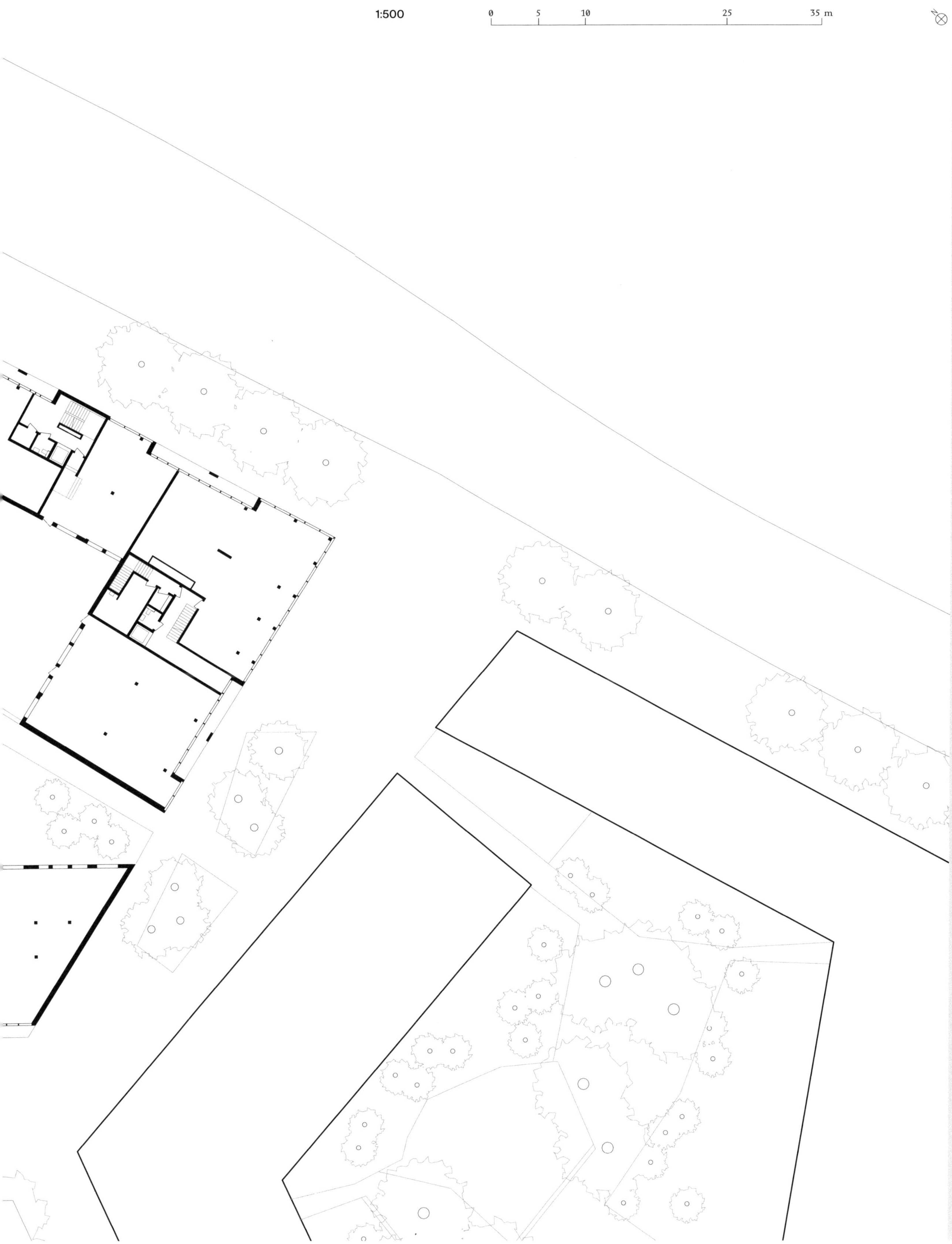
1:500
0
5
10
25
35 m

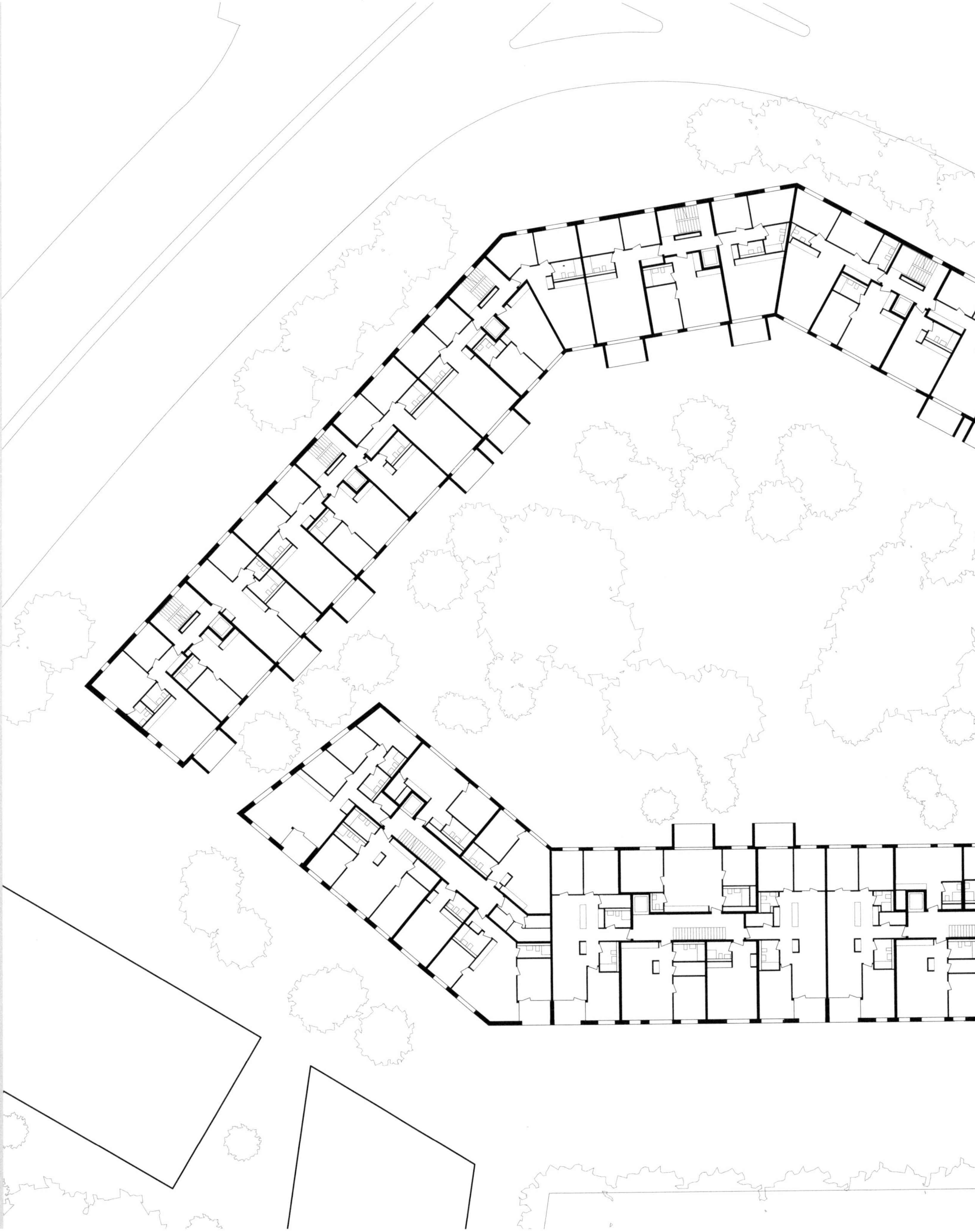

1:500

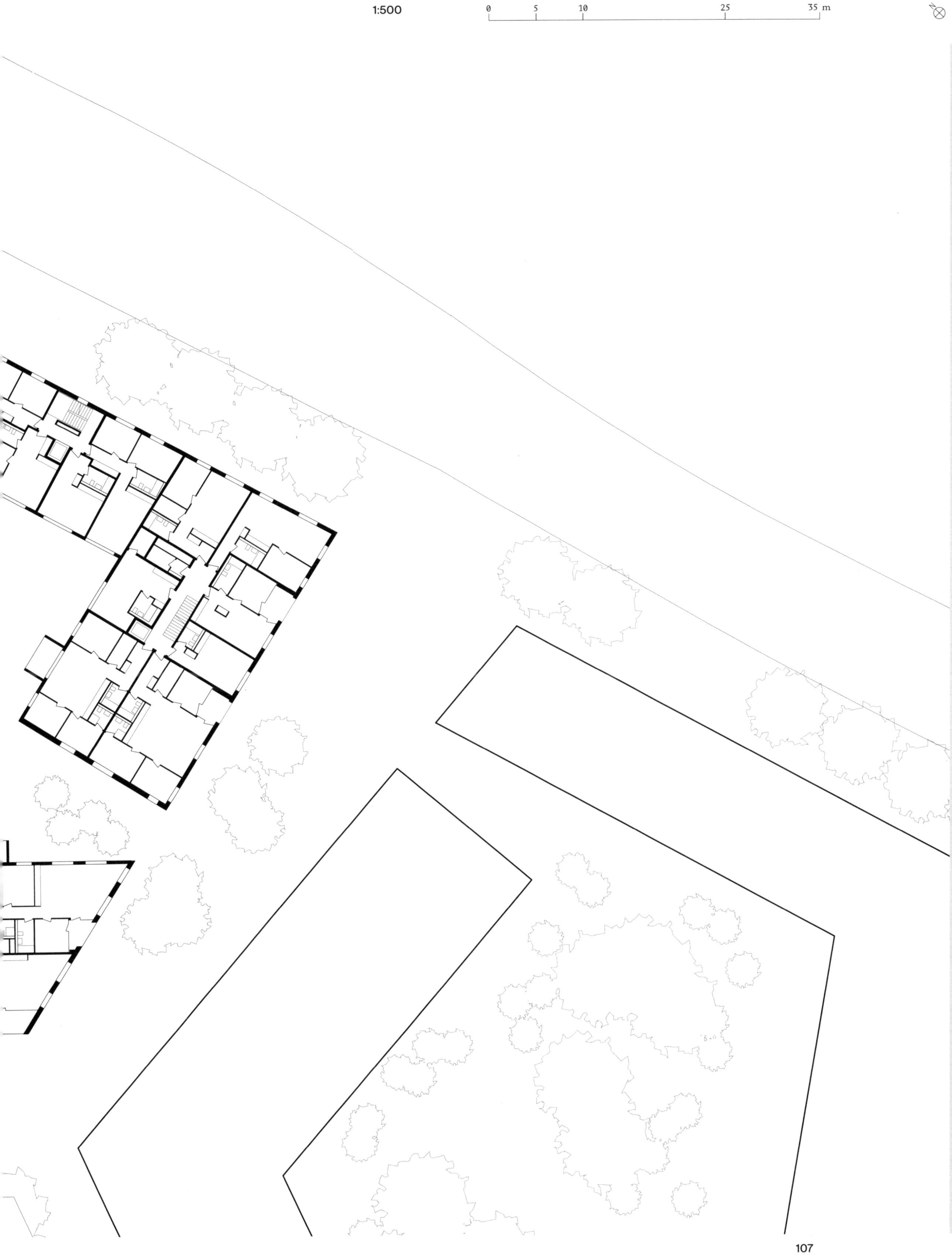

B Coupe transversale | Cross-section 1:500

0 5 10 25 35 m

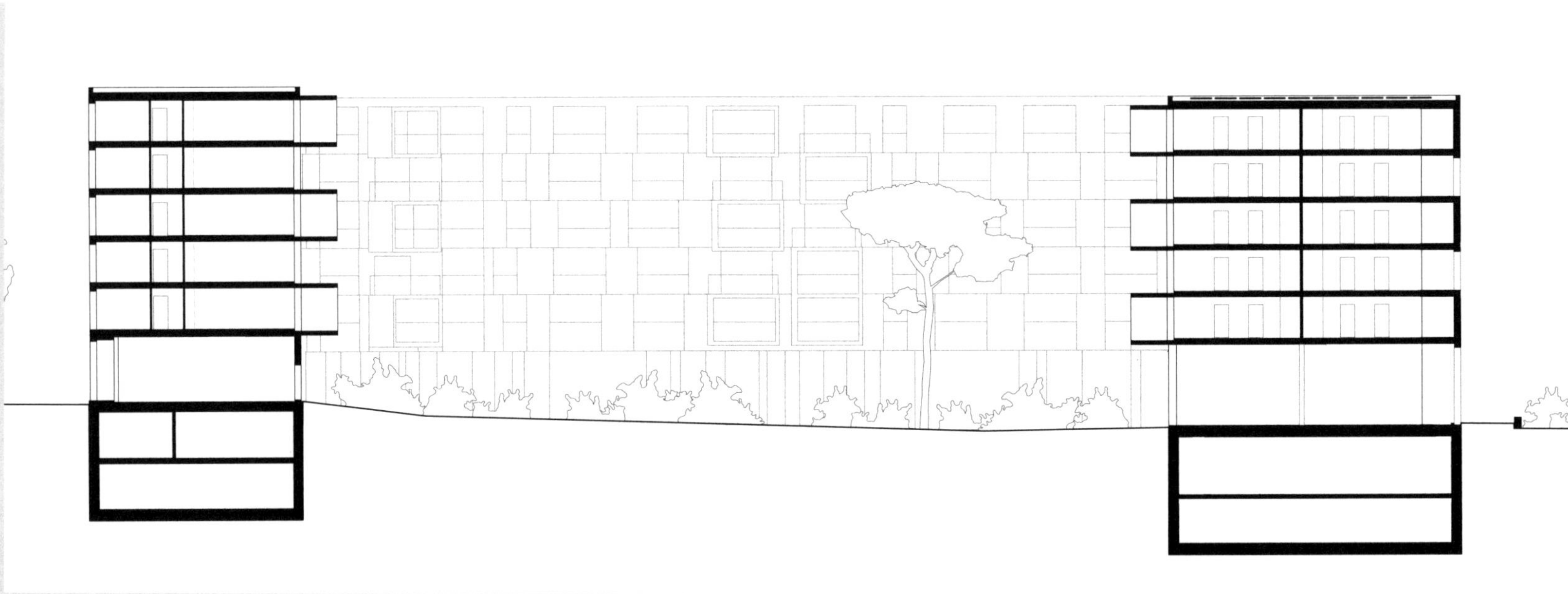

L'îlot semi-ouvert situé à l'angle nord-est présente les dimensions les plus importantes. Au rez-de-chaussée y prennent place une multitude d'activités dédiées principalement à la restauration, aux commerces de proximité et aux loisirs. Aux étages prennent place une grande diversité d'appartements, majoritairement traversants, qui offrent une double perspective sur la cour-jardin et sur l'un des espaces extérieurs.

La typologie des appartements s'adapte aux différentes situations et orientations. Une différenciation est en particulier mise en œuvre entre les appartements de l'immeuble – haut et étroit – donnant vers l'extérieur du quartier et ceux de l'immeuble – bas et large – constituant le front bâti du parc public. Dans les plus grands appartements, des portes à double vantail favorisent un usage hybride d'une des chambres.

The semi-open block in the northeast corner is the largest. The ground level accommodates a multitude of activities, mainly restaurants, convenience stores and leisure facilities. The upper floors feature a wide variety of apartments, most of which are full-depth and thus have outlooks onto both the courtyard garden and the outdoor spaces.

The different types of apartment are adapted to different situations and orientations. In particular, a differentiation is made between the apartments in the higher, shallower building fronting onto the street and those in the lower, deeper building facing the public park. In the larger apartments, double doors allow one of the bedrooms to be converted for hybrid use.

Détails de façade | Facade details 1:20

0 20 40 100 140 cm

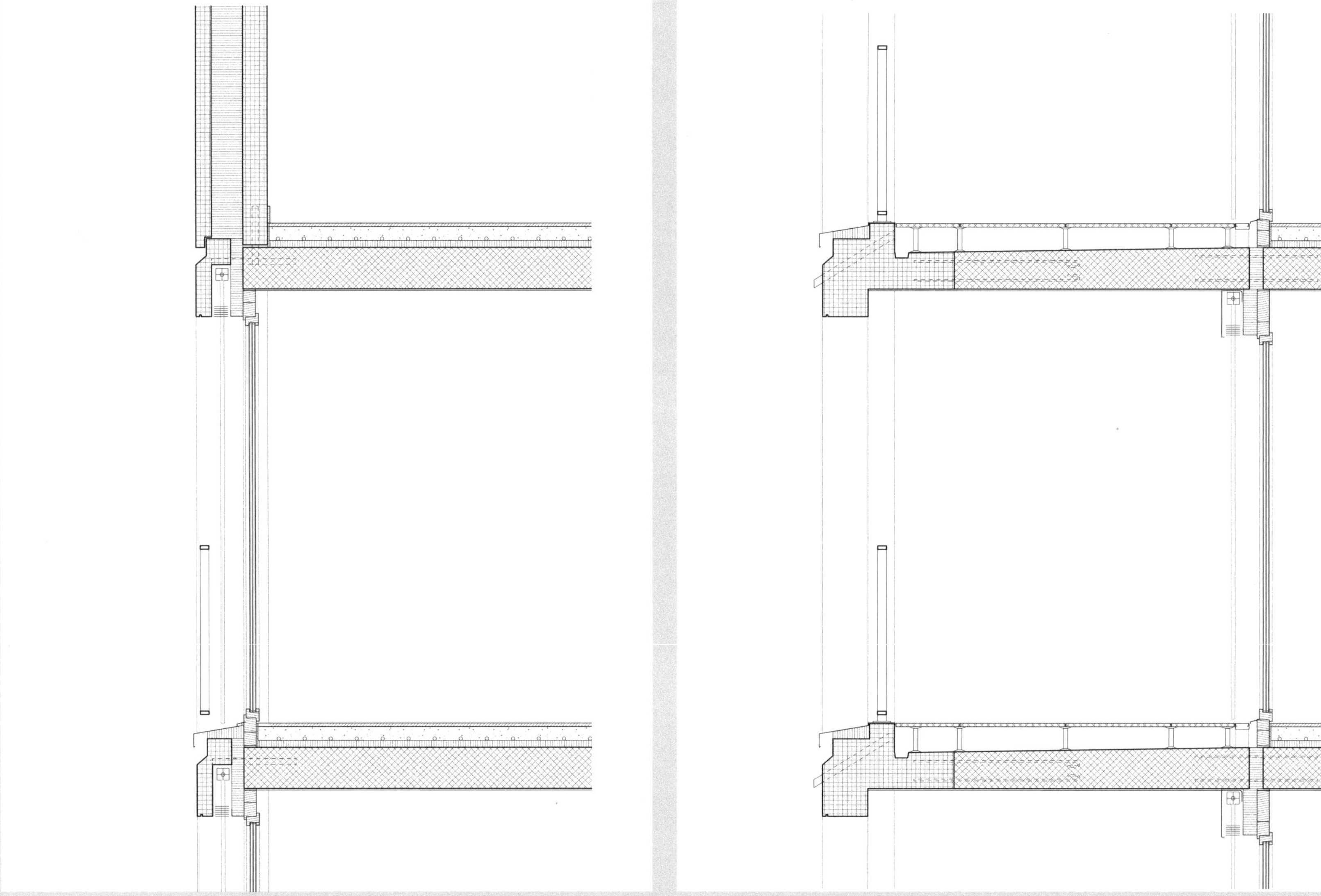

Les façades donnant vers l'extérieur de l'îlot s'inscrivent dans un registre minéral pour exprimer une recherche d'urbanité. Leur composition se caractérise par le marquage d'une certaine horizontalité au travers de bandes horizontales préfabriquées en béton séparant les étages et faisant le tour de l'îlot. Entre ces bandes se développe ensuite une alternance de panneaux préfabriqués en béton, lisses ou sablés, de fenêtres de différentes dimensions et de loggias creusées dans le volume.

De même, les ouvertures en façade présentent des décalages, en résonance avec le caractère cinétique du contexte avoisinant. D'expressivité et de matérialité plus légères, les façades sur cours-jardins constituent une transposition de ces mêmes principes, en intégrant des balcons en saillie en lieu et place des loggias.

The facades facing the outside of the block have a mineral appearance, expressing a sense of urbanity. Their composition is characterized by horizontal prefabricated concrete bands separating the floors and running around the block. Between these bands, smooth or sandblasted prefabricated concrete panels alternate with windows of different sizes and loggias recessed into the volume.

Similarly, the facade openings are offset, resonating with the kinetic character of the surrounding context. The facades overlooking garden courtyards are lighter in appearance and materiality, transposing the same principles by integrating projecting balconies in place of loggias.

5

Plan du rez-de-chaussée | Ground floor plan

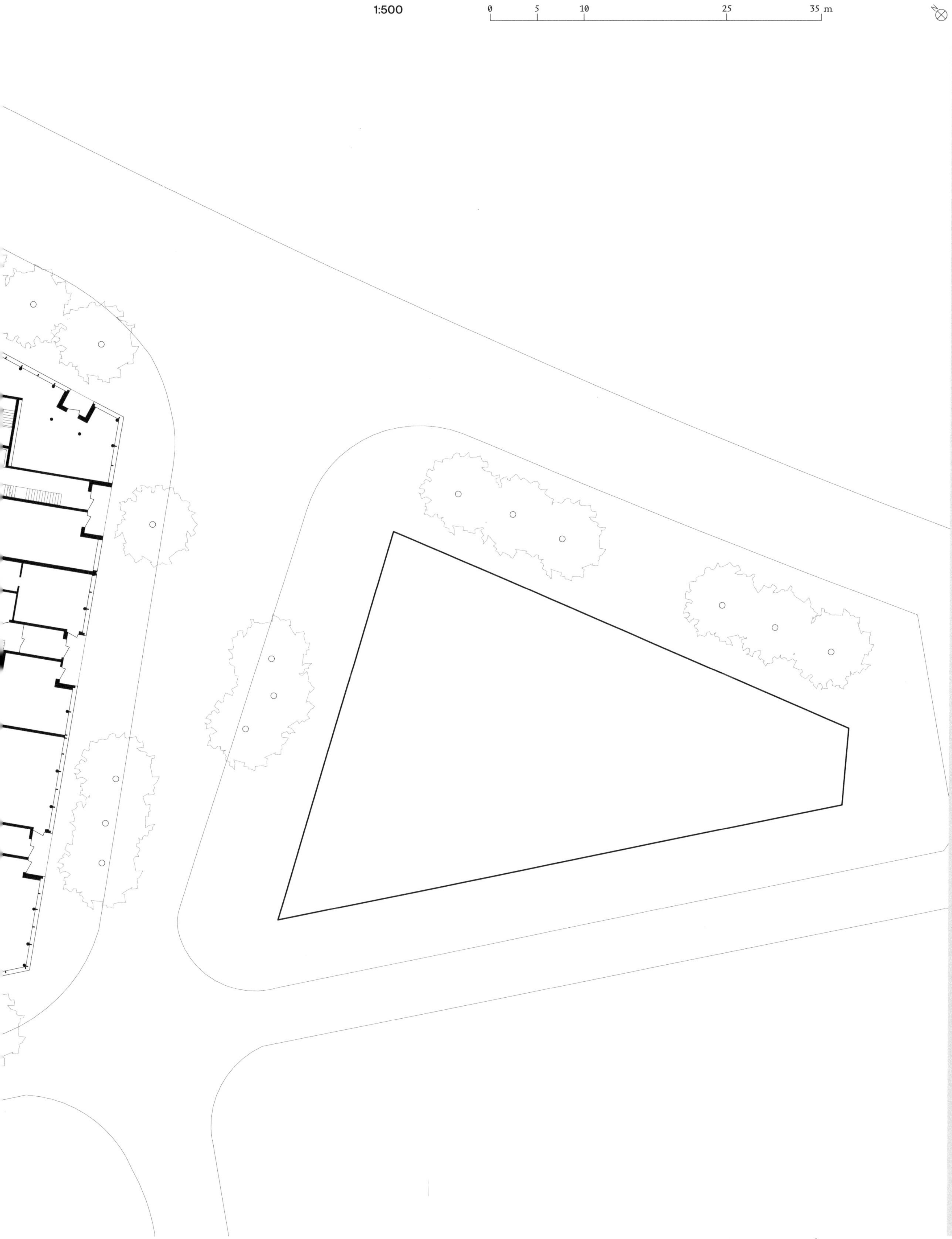
1:500
0
5
10
25
35 m

1:500

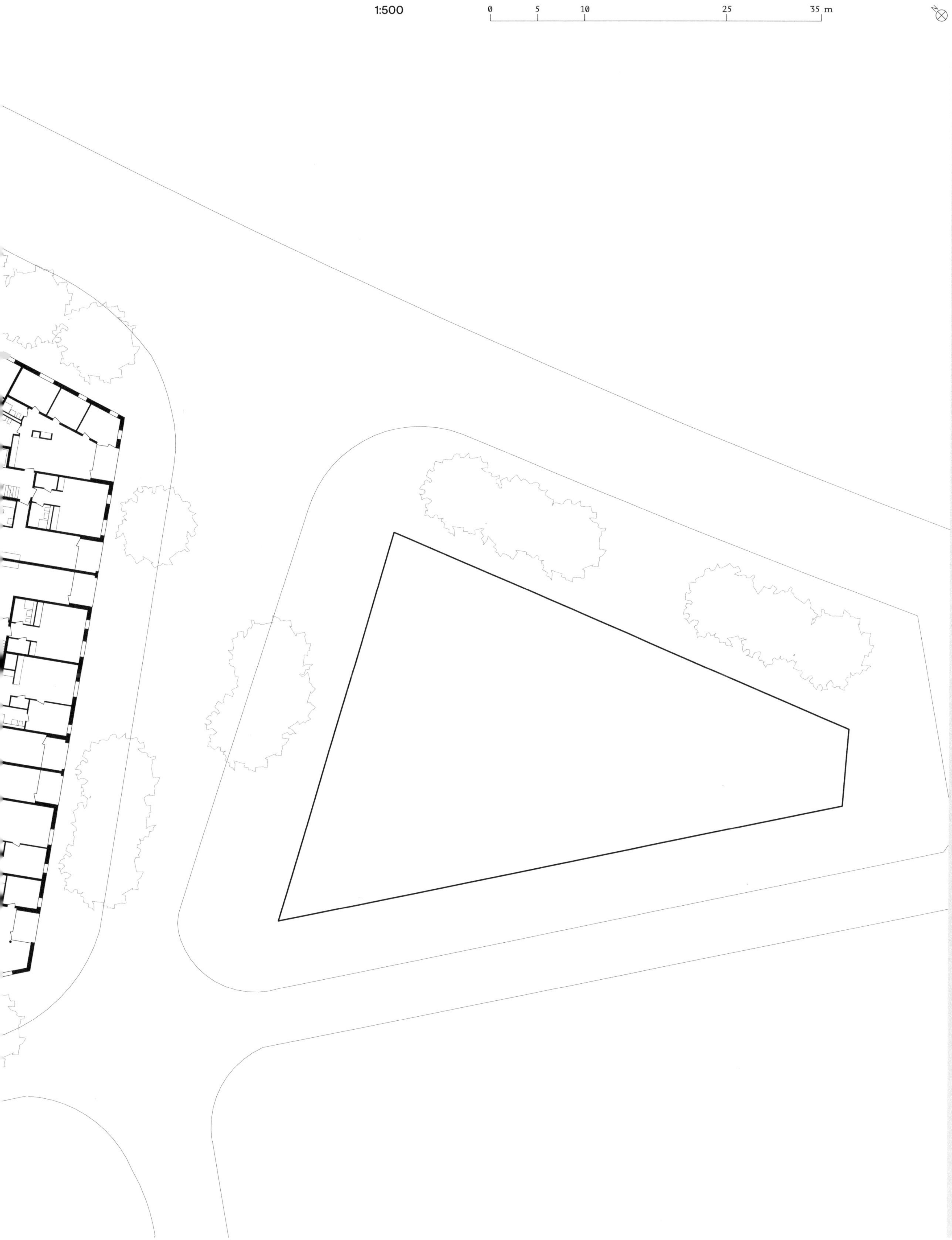

c Coupe transversale | Cross-section 1:500

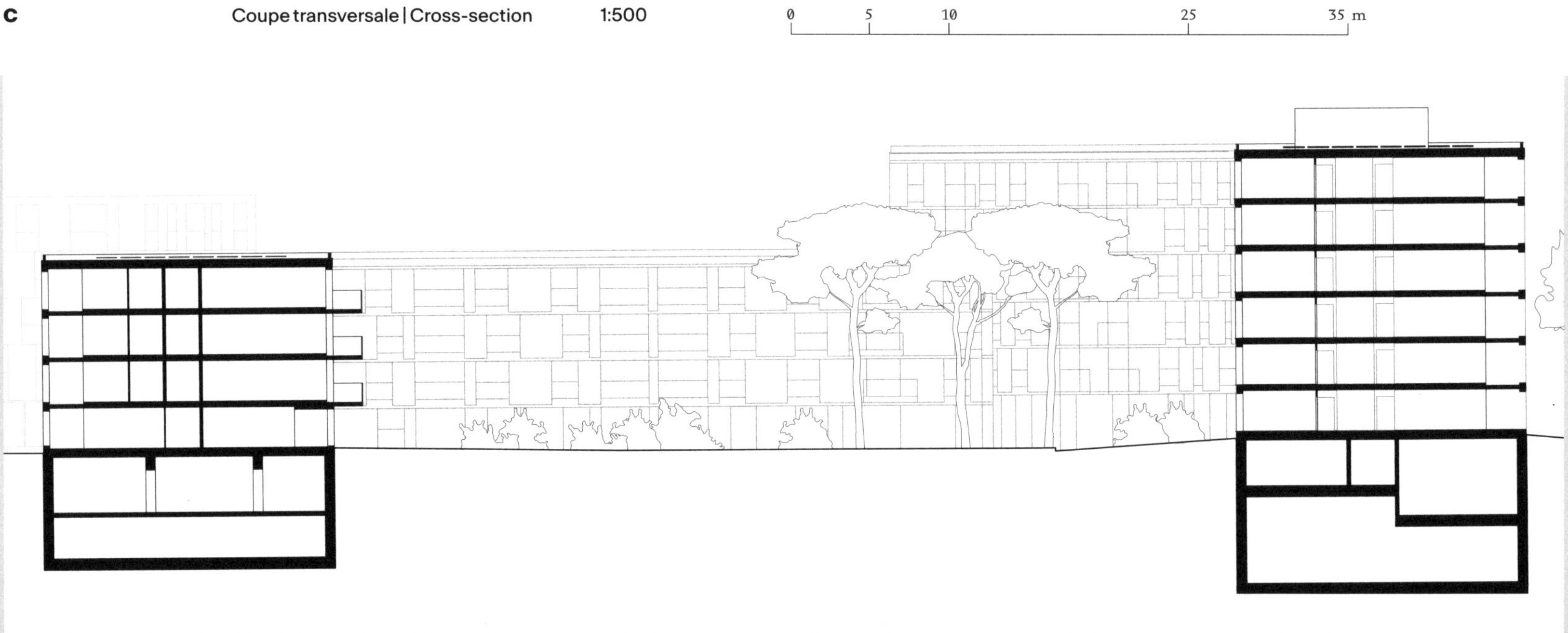

L'îlot semi-ouvert situé à l'angle sud-est du quartier se caractérise également par une mixité fonctionnelle et typologique. Des espaces dédiés aux activités prennent place dans les rez-de-chaussée donnant sur les rues extérieures, tandis que des appartements prennent place dans les étages. Ces derniers offrent des typologies distinctes et complémentaires à celles des deux autres îlots.

L'expression architecturale de ce troisième îlot offre une nouvelle variation sur la thématique du contraste entre minéralité extérieure et légèreté intérieure, entre marquage de l'horizontalité et modénature verticale des éléments. De subtiles différences sont ainsi mises en œuvre au niveau des façades, notamment au niveau des panneaux préfabriqués, du revêtement métallique, de la couleur des garde-corps et de la forme des balcons.

The semi-open block in the southeast corner of the district also features a functional and typological mix. The ground-level units open onto the surrounding streets and accommodate commercial and retail uses, while the upper floors are occupied by apartments. The latter offer distinct typologies that complement those of the other two blocks.

The architectural expression of this third block offers a new variation on the theme of contrast between exterior solidity and interior lightness, between horizontal and vertical features. Subtle differences are implemented in the facades, notably in the use of prefabricated panels, metal cladding, the color of railings and the shape of balconies.

D Plan du RDC | Ground floor plan 1:500

Plan d'étage | Plan d'étage

1:500

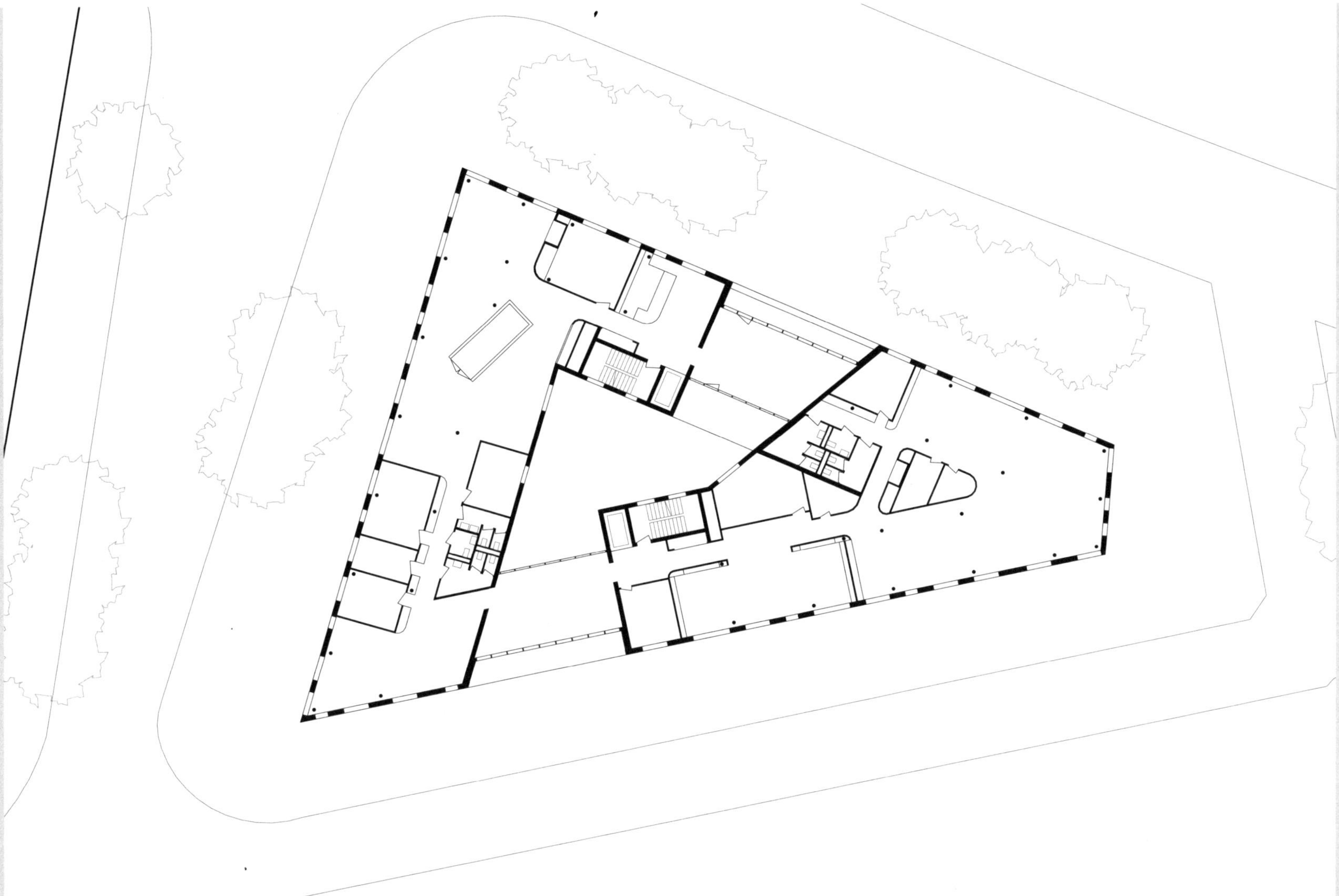

D Coupe transversale | Cross-section 1:500

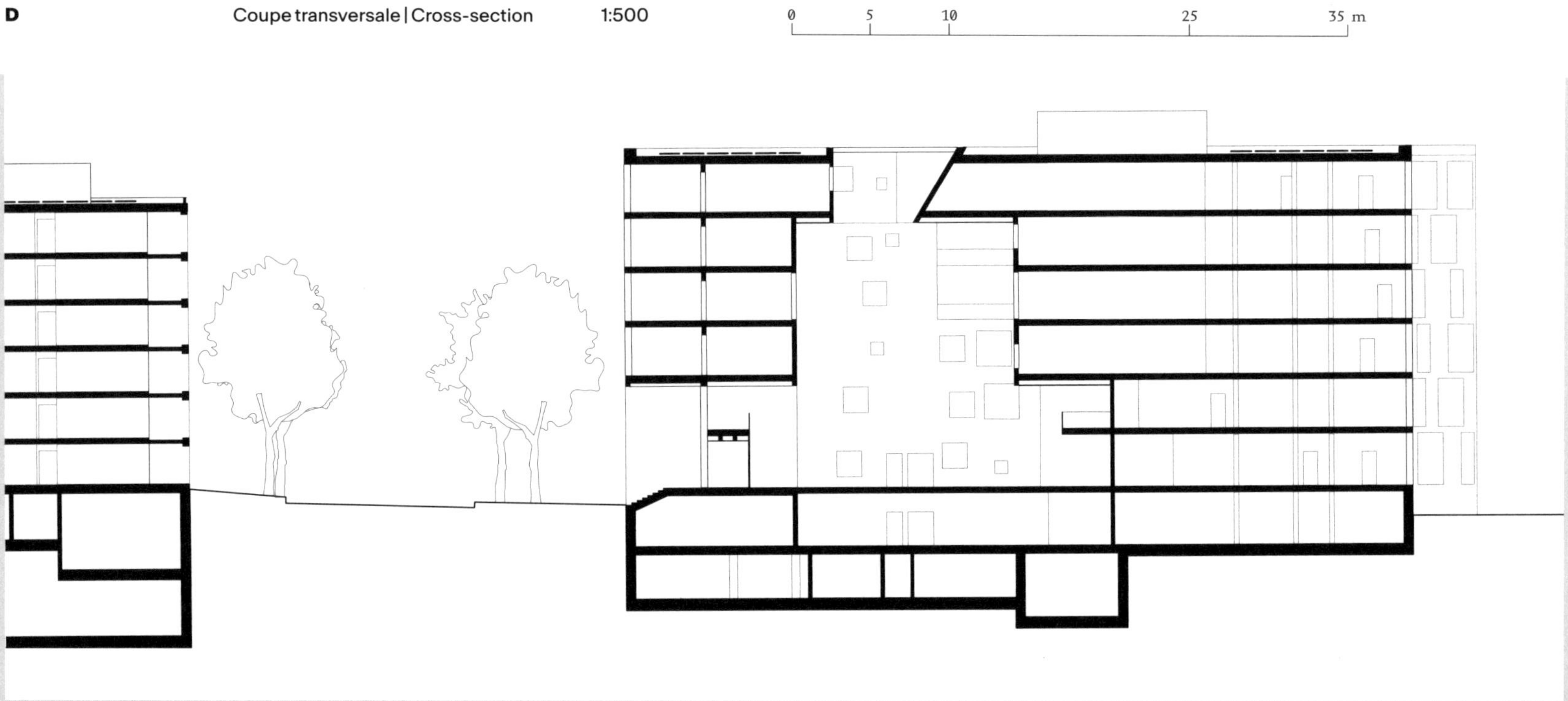

Figure de proue du quartier Oassis, le pôle tertiaire se présente sous la forme d'un monolithe anthracite réfléchissant, qui reprend les lignes de force du site et s'organise autour d'un atrium minéral creusé en son cœur. Par sa forme spécifique et ses caractéristiques expressives, l'atrium permet non seulement de valoriser la lumière naturelle et de relier – fonctionnellement et visuellement – l'ensemble des étages, mais également de conférer aux lieux une identité singulière.

Quatre percements en double hauteur sont aménagés jusqu'aux façades pour générer un contact visuel avec l'extérieur. Un cinquième percement, de forme similaire mais orienté verticalement, traverse le dernier étage pour aller chercher la lumière zénithale et contribuer simultanément à la ventilation naturelle du cœur du bâtiment.

The figurehead of the Oassis district, the service center takes the form of a reflective anthracite monolith, echoing the site's lines of force and organized around the mineral atrium at its heart. With its striking shape and expressive characteristics, the atrium not only makes the most of natural light and connects all floors – functionally and visually – but also gives the location a singular identity.

Four double-height voids extend through to the facades, creating visual contact with the outside. A fifth void, similar in shape but oriented vertically, pierces the top floor to capture zenithal light and simultaneously contribute to the natural ventilation of the building.

Bruno Marchand

Between traditional urban form and ecological transition

It is interesting to note that new districts planned in Switzerland in recent years in suburban areas, particularly on brownfield sites, are based on classical compositional principles and traditional urban forms, derived from the use of archetypal public spaces and courtyard blocks as fundamental elements for structuring built and non-built spaces.

A case in point is the Zwicky-Areal district (2007-2014), located in a wasteland on the outskirts of Zurich in the Wallisellen area, based on a project by Studio di Architettura Vittorio M. Lampugnani, winner of a planning-option competition launched in 2007.

Such is the case of the Oassis district (2012–2020) in Crissier, on the outskirts of Lausanne, whose master plan, the work of the firm Bauart, was finalized following parallel study mandates (MEP) won in 2012.

These MEPs (mandats d'étude parallèles), which took place in two rounds between February and October 2012, involved the conversion of two plots of land, originally earmarked as an industrial zone, into a residential and business sector.

The winning Côté jardins project is based on a skillful composition of several components of a typical old town – alleyways, semi-open blocks, esplanade, and public park – that gives a new identity to the site.

In this way, the past seems to leave an unusual imprint on the present, even if it has to be said that, from the architects' point of view, this nod to history is neither nostalgic nor mimetic, as the built forms and architectural language of the new district display an obvious contemporaneity. But what is the point of this return to the old town, particularly in a suburban context that would seem to call for the invention of new urban forms? What is the legitimacy and relevance of such a choice?

It should be noted from the outset that the specific conditions of the site – its position on the edge of the municipal territory, and the absence of any traces of an industrial past having real heritage value – infer neither an "obvious" urban planning bias nor a conceptual orientation largely determined by local conditions. In reality, it's a question of a "foundation" project on apparently "neutral" ground, a project which, as a matter of principle, is materialized by deliberate layouts and clearly identifiable, archetypal built forms, belonging to a collective memory that evokes the town's history.

Jacques Lucan, HABITER VILLE ET ARCHITECTURE, EPFL Press, Lausanne, 2021, p. 311.

From the point of view of a "foundation" project, the introduction of a classical urban form is a logical and coherent option. This is all the more so given that, unlike the modern period, which dictated the use of certain models to the detriment of others deemed non-progressive, today's field of possibilities is particularly wide; there is no one urban form that *a priori* predominates over the others. The model of the old town is one legitimate choice among others.

For the Bauart architects, it's a question of designing a "city fragment" and forging the urban character necessary to establish a polarity in an essentially suburban territory. In so doing, they echo the conviction, already expressed in the 1990s, that "introverted, order-creating spaces are capable of regenerating large areas of urbanized territory from within, setting focal points and enhancing the texture of volumes". Christophe Luchsinger, «Les cours», WERK, BAUEN + WOHNEN, n°3, 1992, p. 4

Two other, rather paradoxical, points of view lead us to consider this achievement with great interest. The first brings together two terms that might be considered antagonistic: classical and ecological. In fact, the urban form designed by Bauart not only revives traditional compositional principles, but also proves resilient to climate change and, in a particularly unwelcoming context, mitigates the impact of road emissions and ambient overheating.

The second point of view relates to the perception of form. If we return to the essence of this district, we have to recognize that it's not so much a question of "remaking the city" as of implanting a "fragment of the city" on the periphery. Surrounded by road infrastructure, industrial and commercial zones, and agricultural land, and linked to other future districts by footbridges and other means of connection, the new polarity appears as a kind of "island" in a suburban context.

Indeed this "city fragment" is not in a situation of continuity with other similar combinations of built and non-built spaces. From this observation, we can formulate the

Fig. 1 Regional plan showing proposed development with the addition of the Bussigny-Venoge industrial zone, Swiss commission for national development planning, 1941.

Fig. 2 The Rhone-Rhine canal, airport and freeway route, overall view (excerpt from Henri Genet, municipal works director, "Lausanne 1964: has the future already begun?," in *L'information radicale*, June 1956).

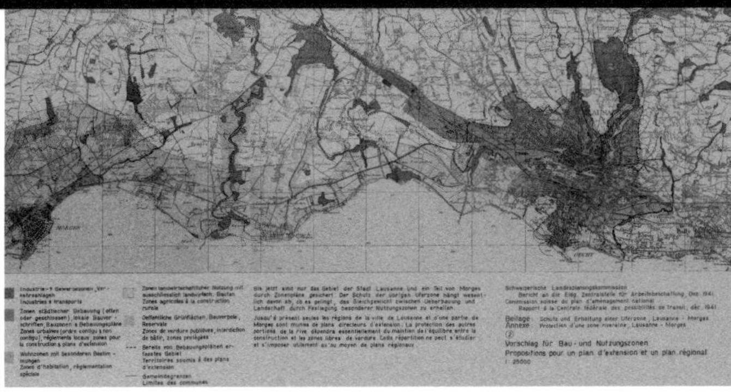

Au premier plan, à droite, le futur port fluvial, un fragment de l'autoroute et, au fond, l'aérodrome.

hypothesis that its perception comprises multiple and opposing aspects, making it appear both as an "urban fabric," compatible with potential future neighboring developments, and as an "architectural object imbued with urbanity." The new district thus takes on hybrid formal qualities, certainly representing a contemporary challenge for the configuration of new approaches to densify and regenerate suburban territories.

A peripheral territory in the making

Before we look at some specific aspects of the Oassis development in Crissier, let's take a moment to consider the area to which it belongs, which comprises the originally agricultural communes to the west of Lausanne – commonly referred to as the Ouest lausannois. The area's turbulent history reveals the impact of the rise of mechanization and modern progress on its landscape, morphology and vocation.

One of the first milestones in this transformation was the extension of the Renens railway station in 1900, making it the most important hub for railway development in French-speaking Switzerland. This led to the intense urbanization of the area, which quickly spread beyond the boundaries of the commune to include Chavannes, Ecublens and Crissier, forming the Renens conurbation with a population of around eight thousand.

A second impetus came in 1945, when the Vaud State Council decided, as part of the cantonal expansion plan, to create the Bussigny-Venoge industrial zone 10 km outside the Lausanne municipal boundary. Fig. 1 This was followed by plans to build several major infrastructures in the area, including the Ecublens airfield (planned as early as the 1940s and ultimately rejected by popular vote), the Rhone-Rhine canal (not built) and, finally, the highway, inaugurated in 1964 at the official opening of the national exhibition (Expo 64). Fig. 2

Planners and builders were to make the West Lausanne area a focal point for development at the outskirts of Laus-

Fig. 3 Work by Jean Tschumi's students at the École polytechnique universitaire de Lausanne (EPUL): new town on the Préverenges hill, in the "Ecublens cirque," 1953 project (excerpt from *Bulletin Technique de la Suisse Romande*, no. 21, 1957).

Fig. 4 Association pour l'aménagement urbain et rural du bassin lémanique (APAURBAL), Exnal project: the Lausanne-Bussigny-Morges triangle, locations of three of the four cores of a decentralized Expo 64, 1958–59 version (Doc. AVL)

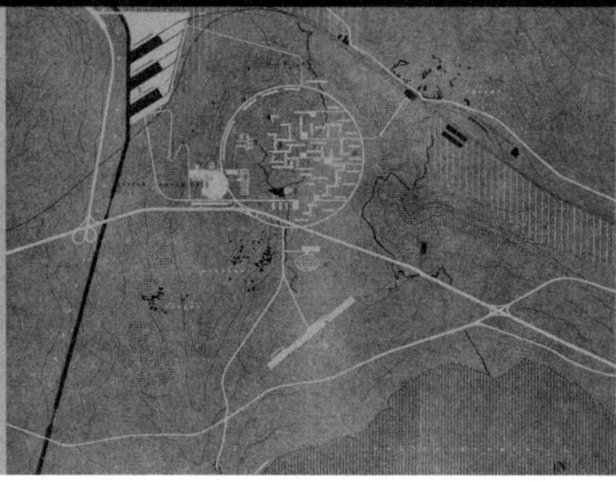

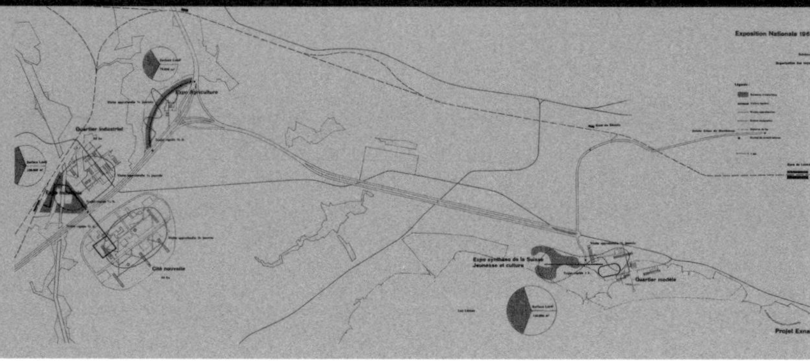

anne, and a testing ground for modern urban planning and architecture. However, the first proposals in this direction came from the academic world: from the immediate post-war years until the end of the 1950s, students of the architect Jean Tschumi at the École polytechnique universitaire de Lausanne (EPUL), under his attentive and critical supervision, designed new towns on the Préverenges hill, in the "Ecublens circus" and in the Bourdonnette-Chavannes-Renens area. Fig. 3 Jean Tschumi, "Aménagement ouest de la région lausannoise," BULLETIN TECHNIQUE DE LA SUISSE ROMANDE, no. 21, 1957, pp. 347-357.

Later, it was the members of the Association pour l'aménagement urbain et rural du bassin lémanique (APAURBAL) – Marx Lévy and his "youth group" – Members of the "youth group" were Alain Breguet, Jean-Pierre Cahen, Pierre Conne, Alin Décoppet, Pierre Foretay, Jean-Claude Piguet, Étienne Porret and Paul Waltenspühl. On APAURBAL see Bruno Marchand, "Exnal et le sincère besoin de grandeur," Tracés, no. 20, 2014, pp. 14-23. who chose the Lausanne-Bussigny-Morges triangle as the site for three of the four cores of their Exnal project. This was conceived in 1956 in the context of advocating a decentralized Expo 64 alongside the nagging question of regional planning. On Expo 64 and regional planning, see Bruno Marchand, "Des villes nouvelles aux clusters: mutations territoriales et urbaines de Lausanne et de sa région lors de l'Expo 64," in Olivier Lugon, François Vallotton (eds.), Revisiter l'Expo 64, PPUR, Lausanne, 2014, pp. 160-179. The compositions of Tschumi's pupils – based on a fine-art approach to both landscape and architectural design, on the scale of the "residential unit" – were thus succeeded by radical, utopian proposals strongly inspired by Le Corbusier, and the idea of creating a new city, taken from the brochure *Die Neue Stadt* Lucius Burckhardt, Max Frisch, Markus Kutter, Die Neue Stadt, Verlag Felix Handschin, Basel, 1956. (1956) by Lucius Burckhardt, Max Frisch and Markus Kutter. Fig. 4

From imaginary dreams to prosaic reality

All these plans remained on paper. But even in their "absence," these imaginary new towns have revealed the development potential of a region which, with its exceptional demographic growth, was set to become "an exemplary case of the process of suburbanization, coupled with an equally strong growth in the number of jobs. The construction of a large number of buildings – for a population coming first from the countryside, then from Lausanne (in need of building land), and finally from abroad – was accompanied, from 1960 onwards, by the relocation westwards of numerous industrial companies cramped for space in Lausanne or preferring a suitable site well served by the new highway (1964)." Martin Schuler, "Une démographie fulgurante," in L'OUEST POUR HORIZON, Infolio, Gollion, 2001 p. 173.

This development would intensify in the decades that followed, forging a more prosaic territorial reality – as if, in essence, and figuratively speaking, West Lausanne didn't want the dreams for its territory shaped by urban planners. Indeed, in place of the ordered, ideal plans of modernity, a heterogeneous peripheral landscape is gradually emerging, made up of the juxtaposition, without any apparent order, of agricultural land, infrastructure, and new residential districts, but also fast-food outlets, low-cost hotels and hypermarkets, with their billboards, signs and neon lights – a "landscape of modernity" See Bruno Marchand, "Paysage de la modernité," in UN PAYSAGE DE LA MODERNITÉ, LES CAHIERS DE L'OUEST, Infolio, Gollion, 2016, pp. 104–121. See also Emmanuel Rey, "Un site à l'identité hétérogène," in Emmanuel Rey (ed.), SUBURBAN POLARITY, PPUR, Lausanne, 2017, pp. 43–45. characterized by the predominance of individual mobility (to the detriment of cyclists and pedestrians) and the absence of quality public spaces on a human scale.

This has led to a considerable increase in automobile traffic, with significant noise emissions and air pollution peaks exceeding the permissible thresholds imposed by current standards. In response to this critical situation, in November 2000 the Canton of Vaud signed an agreement for the joint management of regional planning with the municipalities concerned, The initiative, spearheaded by State Councillor Philippe Biéler, involves the municipalities of Bussigny, Chavannes, Crissier, Ecublens, Renens, Saint-Sulpice and Villars-Sainte-Croix. Lausanne and Prilly are associated as observers. together with a moratorium on new commercial projects that would generate heavy traffic.

An inverted look at the suburbs

This constraint triggered a collaboration between the municipal authorities, initially materializing in an inter-municipal development project designed by Pierre Feddersen between 2001 and 2003. At that time, the eight communes of the West Lausanne district created the office of Schéma directeur de l'Ouest lausannois (SDOL), charged with implementing the guidelines of this unifying project, and establishing a new territorial identity.

To achieve this, it was necessary to reverse the rather negative view of the suburbs and of their ability to reinvent and restructure themselves. For Ariane Widmer, director of SDOL from 2003 to 2019, "however fragmented and chaotic the territory may seem, however disjointed it may be, there is a way to look at the situation differently, to intervene with precision, to use imagination and vision to shape the territory, to use each project as a means of connecting and bringing it back to life." Ariane Widmer Pham, "Planification à la périphérie de Lausanne: le Sdol, c'est quoi?," GEOMATIK SCHWEIZ, no. 10, 2011, pp. 497-8.

The urban planning method advocated by Pierre Feddersen is precisely this kind of approach; it is based on a fresh look at this heterogeneous and seemingly chaotic territory, and on the application of an innovative approach that postulates planning that draws on the past – highlighting the landscape qualities of places, seen as traces of the origins of the place or of an agricultural past that is not completely buried – and on the enhancement of "treasures" of all kinds, heritage, architectural, landscape, natural, but also social and cultural.

The main challenge is, above all, to perceive the complexity of the site and integrate it "into the architectural and urban project, not necessarily with a totally Cartesian order, but with a subtle order that considers all the dimensions inherent to the suburban environment. An order that is at once physical, spatial and social, but that also nurtures non-built spaces, aiming first and foremost to reestablish convivial links that enable users to experience the territory as a large city... but accepting that it will always remain a vast, highly disparate mosaic." Pierre Feddersen, "L'Ouest lausannois, contexte archétypique et démarche emblématique," in Emmanuel Rey (ed.), Suburban polarity, PPUR, Lausanne, 2017, p. 36.

This West Lausanne mosaic thus becomes a "laboratory for new territorial realities," Joël Christin, Olivier Donzel, "Un laboratoire pour de nouvelles réalités territoriales,"TRACÉS, no. 13|14, 2006, pp. 6-12. through a spirit of experimentation – the urban and territorial project – and, at the same time, a policy of "valuing action" capable of shaping the new suburban landscape in the shortest possible time frame; these two complementary parameters are the strengths of an unprecedented approach that is at once flexible, progressive and pragmatic,

Fig. 5 Bauart, test study "Cocagne Buyère Bussigny-près-Lausanne" (2005), as part of construction site 1, view of the model.

Fig. 6 Bauart, Arc-en-Ciel test study (2006), photomontage.

based on "worksite" studies that identify strategic and priority sites while defining development priorities.

Bauart... immersion in the West

Bauart's analysis of the West Lausanne area and contribution to this "laboratory" came about through participation in the planning of several sectors that are an integral part of these "worksites". In 2004–2005, the practice was invited to take part in the "Cocagne Buyère Bussigny-près-Lausanne" test study as part of project 1. The project concerns a sloping site on the edge of the A1 highway, on the border between a residential area and an industrial zone. The new identity of the site involves the definition of a dense, mixed-use complex – bringing together leisure, culture, shops, a skills center, offices, a hotel, housing and public spaces – embodied by a linear building (along the highway) and four tall buildings, "condensers" set out in an open manner at the bottom of the site. Fig. 5

The following year, in 2006, the Arc-en-Ciel sector – located in the communes of Bussigny and Crissier and destined to become, in time, a socio-economic hub of regional importance – was the subject of a test study. Bauart proposed transforming the industrial zone into a new, dense, mixed-use tertiary site, with industrial, commercial and administrative infrastructures. A key feature of the project is the creation of an urban boulevard, a unifying and structuring axis punctuated at one end by a tower rising to the scale of the lakeside landscape. Other key elements for the development of this area are also envisaged: building density and mix, intensification of public spaces, development of green spaces, and the revitalization of the Sorge district. Fig. 6

Also in 2006, Bauart began designing the SDIM (schéma directeur intercommunal de Malley), a large-scale urban project completed in 2012. Bauart et al, SCHÉMA DIRECTEUR INTERCOMMUNAL DE MALLEY (SDIM), SDOL, Renens, 2012. The epicenter of this vast, rapidly changing site is a newly-built RER station, located at the interface of the bus and the new tram line. This improved public transport accessibility

provides the conditions for the creation of a dense, mixed-use neighborhood in the immediate vicinity of the multimodal hub. The complex of buildings, structured by squares lined with high-rise towers, is built around a cultural axis characterized by high-quality public spaces. Historic buildings, retained to preserve the memory of the site, are integrated into a large public park. Fig. 7

A new dense, mixed-use neighborhood

All this work has certainly helped the practice to acquire a fairly in-depth knowledge of a suburban territory that is not always easy to grasp, consisting, as mentioned above, of a patchwork of mono-functional areas, juxtaposed with no apparent logic; on the other hand, this same work has helped to forge a vision of the future of this territory, based on a polycentric structure of interconnected polarities, of locations with strategic value due to their good accessibility (current or future) by public transport and their potential for hosting new residents.

Given this background, it was only logical that Bauart should be one of the teams invited The other teams involved in these MEPs were Bakker & Blanc, Farra & Zomboulakis, KCAP and Tribu architecture. to take part in the Lentillières Nord MEP in February 2012, organized by the owner of plots 685 and 2294, Both plots are owned by Patrimonium Residential Opportunity SA. with the agreement and support of the municipal authorities. Located within the Vernie-Crissier perimeter, This area is one of the strategic sites of cantonal interest in the development pole policy (site 9.c1). this is precisely one of the strategic sites to be planned and densified within the worksite at 3, Route de Cossonay.

The site's location shares a number of distinct *suburban* characteristics: bordered by agricultural land, it is nevertheless relatively close to the center of Crissier, and is a landmark in the industrial and business zone at the highway exit. Its purpose is to create a dense, mixed-use residential and business area, as outlined in the Vernie-Crissier Masterplan drawn up in 2011 by the team comprising Feddersen & Klostermann, mrs partner and Topos urbanisme. Feddersen & Klostermann, mrs partner, Topos urbanisme, in collaboration with Luc Malnati, UNE NOUVELLE VISION POUR CRISSIER ET LA ZONE D'ACTIVITÉS DE LA VERNIE, Zurich, October 2011.

This planning document proposes a new vision for the future of the La Vernie business park, based on the coordinated development of urbanization and mobility, together with consultation between all stakeholders. The Lentillières Nord sector, directly connected to the future Bus Rapid Transit (BRT) axis, is targeted. Its significant development potential is illustrated by urban morphology variants, which spatialize the issues at stake, determine the relationships to be established with the various adjacent built-up areas (current and future), and open up the field of possibilities. These images do not freeze current and future processes, leaving considerable room for decision and negotiation on the part of municipal authorities and landowners. Fig. 8 →

An "inner world"

The MEP program is in line with the objectives of this masterplan and recommends, among other things, the application of a high-density development and a mix of activities. It also specifies that great care and attention be paid to the treatment of public spaces and mobility issues. Following the final dialogue, the panel of experts unanimously recommended Bauart's Côté jardins project to the client for the remainder of the studies and for the mandate, while including the firm KCAP for almost a third of the services. Mandats d'étude parallèles Lentillières Nord-Crissier, Un quartier côté jardins, rapport du collège d'experts, Bureau du Schéma directeur de l'Ouest lausannois, Renens, January 2013, p. 46. More specifically, KCAP will be in charge of designing one of the open blocks, in line with the neighborhood plan and the architectural charter governing the overall project.

As mentioned at the start of this essay, Bauart's architects aim to give this district the urban character required to establish a mixed-use The architects prefer the term POLARITY TO CENTRALITY. "The latter implies the development of a center to the detriment of its periphery, which becomes functionally dependent on it in a hierarchical territorial system. The polarization of urban territories, on the contrary, means the joint development of poles that are no longer central or peripheral, but self-balancing in a dynamic, networked system". Emmanuel Rey, "Des polarités suburbaines pour structurer des territoires en mutation," in Emmanuel Rey (ed.), SUBURBAN POLARITY, op. cit. p. 17. hub in a diffuse, peripheral area. To this end, they propose the creation of five complementary "urban entities" – comprising three open blocks, a tertiary hub and a public garden – enabling them to coherently underline the presence of the new district and create an "inner world" with a specific identity, whose rich and diversified character responds to the new functional

Fig. 8 Pierre Feddersen, alternative urban morphologies for the Lentillières Nord sector (from Feddersen & Klostermann, mrs partner, Topos urbanisme, *Masterplan Vernie-Crissier*, 2011).

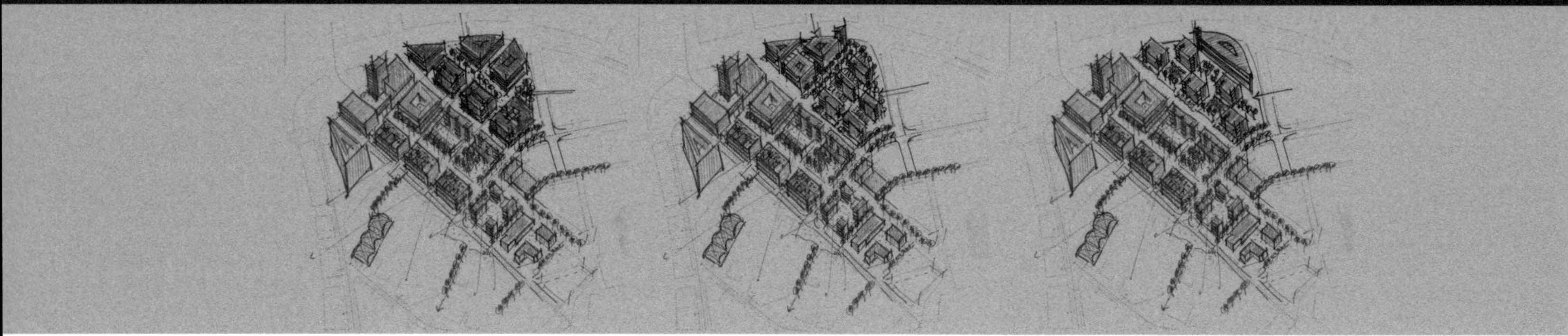

mix of the place. Emmanuel Rey, Yorick Ringeisen, "Ein urbanes Pol aus fünf Inseln. Un pôle urbain composé de cinq îlots. Cinque isole per un polo urbano". Hors-série TEC21 | TRACÉS | ARCHI, no. 3, 2020, pp. 30-33.

The creation of this "inner world" implies neither withdrawal nor a clean break with the outside world and the neighborhood, as we shall see later. It stems first and foremost from the optimal environmental conditions created by the buildings' street front, plot-bound locations, which act as protective screens for quiet private and public spaces, offering a pleasant living environment accessible to all on a daily basis.

Secondly, it stems from the specific life of the neighborhood, generated by the diversity of housing and the mix of social classes, and reinforced by the establishment of a functional and inter-generational mix. The latter is induced by the presence of a seniors' residence occupying part of the building along the route de Crissier, and a creche on the ground floor of one of the semi-open blocks, which extends outwards to occupy part of the courtyard.

Last but not least, this "inner world" is imbued (as in other sustainable districts, such as Vauban in Freiburg im Breisgau) with the calming ambiance of essentially pedestrian traffic, with no cars on the surface; the underground parking lot is also located beneath the building, to free up as much open space as possible for outdoor landscaping, particularly in the heart of the blocks, where large trees have been planted. The promotion of sustainable mobility is also reflected in the creation of a new TL stop in the immediate vicinity of the public garden and a self-service bicycle hire station. Last but not least, a number of criteria have been applied to ensure the neighborhood's sustainability, including the creation of a neighborhood association, the ecological management of rainwater, the extension of the district heating network (using biomass), the installation of a rooftop photovoltaic plant – coupled with a private electricity microgrid offering advantageous self-consumption of renewable electricity – and vegetable gardens on the roofs of the project's buildings.

Bauart architects designed all the buildings except for the third block, which, as we've seen, was entrusted to KCAP. The three semi-open blocks, delimited by buildings that in plan, are linear and folded, have different configurations and metrics: the central one, the largest, is defined by a four-faceted corner building and an L-shaped building. The other two, slightly more compact, each comprise one L-shaped and one three faceted building, the gaps in all cases being non-parallel in plan, the result of a geometric confrontation between the gables and faces of the buildings.

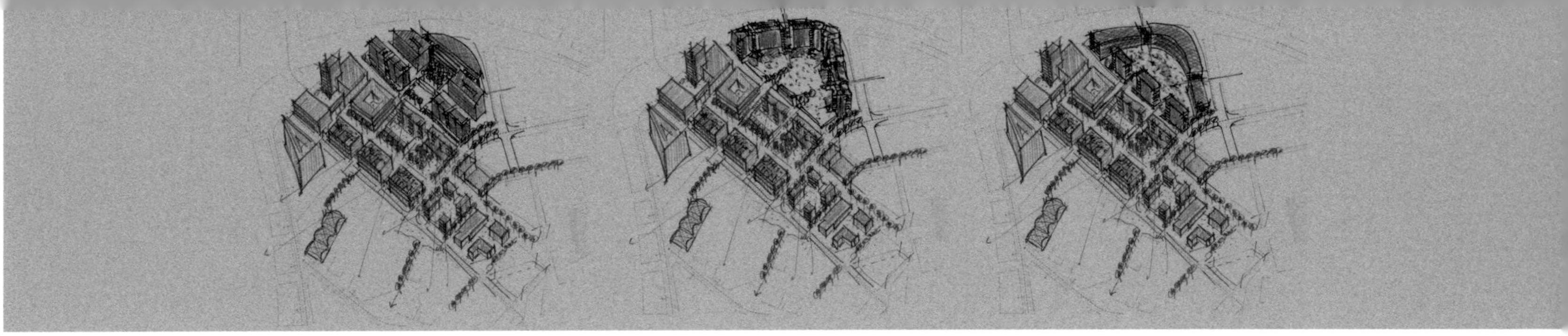

These built forms are thus capable of making a clear distinction between public space and the semi-private and semi-public space of courtyards, in the sense of an "architecture for the city," whose urbanity emerges from the joint expression of each block's singularity and the application of general rules that bind them together. Martin Steinmann, "The architecture of Diener & Diener. Architecture for the city," Faces, no. 41, 1997, p. 2. These rules, as we shall see, have already been tested in Bauart's other projects.

At Gare-Lac, the aim was to regenerate a vast industrial wasteland and, at the same time, establish a virtually non-existent connection between the town center and the lake. For "Yverdon-les-Bains doesn't see its lake, and its lake doesn't see it." Valorisation du secteur de la gare au lac à Yverdon-les-Bains, "hochparterre.wettwerbe, no. 4, 2007, p. 16. However, taking advantage of a hitherto little-exploited territorial potential through the establishment of structuring strata – in other words, reweaving the links between the built environment and the water – implies not only the reversal of the urban structure, but also the preservation of a number of historic buildings and traces.

Indeed, urban innovation and heritage reality mirror each other. So it's easy to understand why we chose to work with the urban block, in particular for its morphological similarity to the industrial courtyard building. But enough historicism. Bauart exploits the potential of the "open city block" See Christian de Portzamparc, L'îlot ouvert, AAM, Ante Prima, Paris, 2010. theorized in the 1970s by Christian de Portzamparc, who advocates the simultaneous consideration of void and content, translated into simple, effective building principles that induce diversity and heterogeneity; definition of a precise city block boundary, preservation of a central space free of buildings, variation in the morphology and height of the buildings built around it. Fig. 9

Revisiting past forms

We can assume that five years later, at the time of the MEP Lentillières, the Yverdon experience is still fresh in the minds of the architects. The lessons learned remain, and feed into the iterative process of reflection. But it has to be

Fig. 9 Bauart, winning MEP project for the Gare-Lac site in Yverdon-les-Bains (2006–7): outline development plan based on the "open city block" principle.

said that the specific context of Crissier, with its many constraints, calls for a slightly different urban and architectural stance; no quest for formal sculptural work, morphological fragmentation and differentiated gauges – at most, a homogeneous lowering of building heights towards the south, to encourage views and sunlight for the housing and the core areas. In this case, diversity in the search for unity is the order of the day.

As we have seen, the use of the semi-open city block is one of the key structural elements of the new district. *At first glance*, this attitude could be seen as regressive, in a suburban context that calls for the invention of new urban forms. On the contrary, we can see a form of conceptual freedom in the conviction that reinterpreting forms inherited from the past to meet contemporary challenges is the right thing to do.

As Robert Krier pointed out in 1975: "In the history of art, each era gradually develops from the one that preceded it, assimilating formal and functional elements that were previously known; the more historically aware a society is, the easier and more exhaustive the manipulation of historical stylistic elements becomes. This commonplace is important to us insofar as it authorizes the artist to use the universally recognized richness of the formal repertoire of all eras, whether twentieth-century or seventeenth-century." [11] Robert Krier, L'espace de la ville. Théorie et pratique (1975), AAM Éditions, Brussels, 1980, p. 6.

The urban block has a long history in the formation of the traditional city, where it is a fundamental element. We'd like to limit ourselves here to evoking some of the models with which Oassis is intrinsically linked. Indeed, in order to give scale to this district and explain its content, it is useful to use terms of comparison that are deliberately enlightening and based on the clarification of *principles that* represent so many conceptual resources.

Related links: deformations

The first principle is the *non-orthogonality* of the

Fig. 10 Bauart, Oassis district, model view.

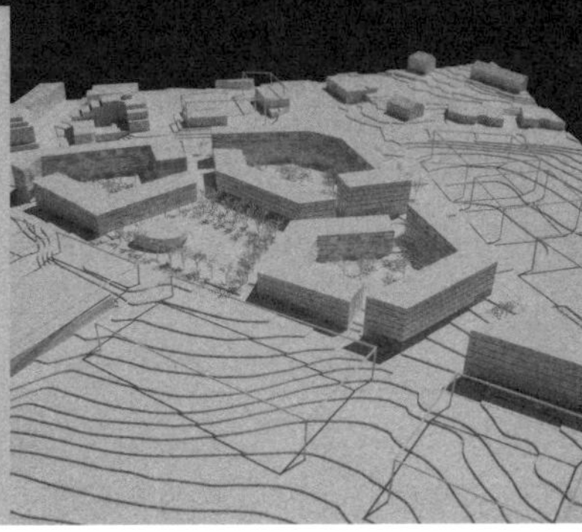

Fig. 11 Outline development plan of the Sérurier Indochine group (1936), part of the belt of low-cost housing built on the outskirts of Paris between the two world wars. (excerpt from Apur, *Les Habitations à Bon Marché de la ceinture de Paris : étude historique*, mai 2017, Paris).

block.[Fig. 10] This traditionally derives from the geometry of the plot, which in turn is dictated by the star-shaped layout of the road networks, as in the Haussmann block. See Jean Castex, Jean Charles Depaule, Philippe Panerai, FORMES URBAINES: DE L'ÎLOT À LA BARRE, Bordas, Paris, 1977, especially chapter 1 "Le Paris Haussmannien, 1853-1882," pp. 13-44. The irregular, skewed shape of the buildings is the result of the interweaving of elements that make up the traditional city, which also implies the adaptation of housing types to specific deformations and situations.

In other examples, the irregularity of the blocks is not dictated exclusively by contextual conditions, but also stems from rules of urban composition and the planners' desire to establish a diversity of built forms and appropriations. Examples include some of the blocks in Hendrick Petrus Berlage's Amsterdam South extension, planned between 1904 and 1916, and several Viennese *Höfe* The term HOF refers to a group of apartment buildings built around one or more courtyards (pl. Höfe). from the 1920s and 1930s. Finally, the belt of social housing built on the outskirts of Paris between the two world wars seems to us to be a judicious reference, with "housing organized in blocks ordered by a network of hierarchical lanes [and] a deliberate variety of block sizes and shapes to break the impression of homogeneity".[Fig. 11] Apur, LES HABITATIONS À BON MARCHÉ DE LA CEINTURE DE PARIS: ÉTUDE HISTORIQUE, Paris, May 2017, p. 27.

In Crissier, we see a synthesis of these two approaches: the irregular shape of the blocks is the result both of the building's adaptation to the angled boundaries and triangular geometry of the land, and of a compositional desire to converge public spaces towards the amenities of a central park. The resulting building layout – which also incorporates a triangular tertiary building at the far end – achieves the high densities set by the MEP program, while creating generous public spaces and courtyards protected from surrounding nuisances.

Related links: reversals

A second principle is *the reversal of traditional hierarchies*, in the sense of upgrading the courtyard to function as a unifying space (rather than as a service space). The

Fig. 12 Square Montchoisy – Deux-Parcs by Maurice Braillard and Louis Vial (1927–31), Geneva: upgrading the central outdoor space (excerpt from Marina Massaglia, *Maurice Braillard, architecte & urbaniste*, Georg Éditeur, Geneva, 1991).

"first stirrings" of this new orientation can be traced back to Frank Lloyd Wright's Francisco Terrace courtyard building (1895) in Chicago, and Michiel Brinkmann's Spangen megablock (1919–21) in Rotterdam.

Closer to home, in the French-speaking part of Switzerland, we must also mention Square Montchoisy – Deux-Parcs (1927–31) by Maurice Braillard and Louis Vial, a form never before seen in Geneva, inspired, it seems, by the Viennese *Höfe*. Marina Massaglia, MAURICE BRAILLARD, ARCHITECTE & URBANISTE, Fondation Braillard architectes, Georg Éditeur, Geneva, 1991, p. 151. The square is made up of four buildings arranged in such a way as to open up the corners, allowing both air circulation and access to the central courtyard space. It is this same central space that is now valued and becomes the reference for the orientation of the main living spaces and for the main facades, which feature loggias and balconies. Conversely, the kitchen and staircase, adjoining a maid's room, look out onto the street, the location for car traffic and commercial activities. Fig. 12

This reversal of urban hierarchies continued in the 1970s, when a revival of the city block began. In this sense, Block 270, completed in 1977 by Josef Paul Kleihues in the Wedding district of West Berlin, marks the debate, begun a decade earlier, See Josef Paul Kleihues, "Closed and open housing blocks. Notes on the case of Berlin and comments on the block 270 at Wedding," LOTUS, no. 19, 1978, p. 73. on the importance of abandoning the lamelliform model implanted in green spaces in favor of a critical reinterpretation of the traditional urban block. In other words, it was above all a question of encouraging spaces contained by buildings, generating differentiated appropriations rather than spatial fluidity perceived as too abstract a concept and inducing undefined social practices. Here the building, while aligned with the streets, encompasses a central courtyard, accessible from the main facades through the four corners cut and open at 45 degrees, in a configuration typical of Berlin's urban design. Fig. 13

At Block 270, while all the kitchens and adjacent dining areas are oriented strictly towards the interior of the city block, the main rooms follow the path of the sun, with the living rooms to the south and the large bedrooms to the north. The same logic can be found at Warteckhof, in Basel's Wettstein district, which was completed in 1996, where the

Fig. 13 Josef Paul Kleihues, Block 270, completed in 1977 in the Wedding district of West Berlin, upper ground floor plan (from Kenneth Frampton, ed. "Vinetaplatz Block 270," in *Modern Architecture and the Critical Present*, Architectural Design vol. 52, 7-8/1982).

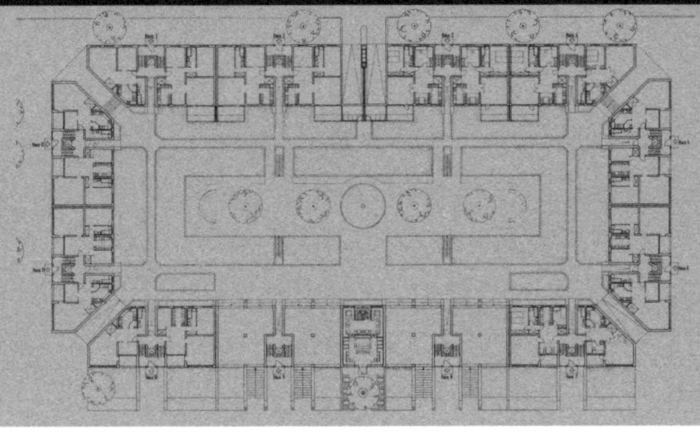

internal layout of the Diener & Diener designed apartments also follows (even more rigorously) the standard principles of sunlight.

These last two examples interest us because they introduce a certain complexity into a scheme that could have been limited to a simple and strict opposition between courtyard and street. In Crissier, we also find a particular complexity; the reversal of the traditional hierarchy is certainly present, with a large number of dwellings orienting their living spaces towards the courtyards so as to benefit from the peaceful and quiet atmosphere of these outdoor spaces. However we can also detect variations, including, in particular, through (full-depth) apartments that orient their representative spaces towards the south and public spaces, alleyways or central garden, especially those located at the head of the buildings.

Related link: the ideal green interior of the city block

The third principle we'd like to focus on here is *the planting* of courtyards, which intensified from the beginning of the last century, particularly under the impact of hygiene theories. Indeed, in response to the decline in use of the interior of Haussmann blocks, due to the maximum exploitation of land use, the courtyards delimited by the social housing of the Paris ring road were communal, ventilated and planted, in compliance with health and hygiene standards.

The question of planted courtyards resurfaced at the end of the 1960s, and took on even greater significance with Christian de Portzamparc's (not built) project for the Paris La Roquette competition (1974). Portzamparc describes the central green space of his courtyard building as a "botanical landmark": "It's a square on which grass and trees have grown: a vast urban space invaded by nature, or a piece of nature embedded in the city. The vegetation goes right up to the buildings, climbing up their facades. It's not 'designed' but is shaped by the buildings that border, and receive it". Fig. 14

"La Roquette," in CHRISTIAN DE PORTZAMPARC, Electa Moniteur, Milan, Paris, 1984, p. 58.

(1974) (excerpt from Jean-Pierre Le Dantec, *Christian de Portzamparc*, Éditions du Regard, Paris, 1995).

of the rue des Meaux building (1989–92), Paris, work by Renzo Piano (excerpt from Renzo Piano, *The Complete Logbook*, 1966–2016, Thames & Hudson, London, 2017.

However the term "designed" vegetation could be applied to Renzo Piano's Square des Bouleaux, designed by landscape architects Michel Desvigne and Christine Dalnoky for the rue des Meaux building in Paris (1989–1992). Considered "the modest contemporary equivalent of the Palais-Royal," Jacques Lucan, HABITER VILLE ET ARCHITECTURE, EPFL Press, Lausanne, 2021, p. 356. this space planted with 110 birch trees and honeysuckle also evokes a forest environment, in order to preserve the privacy of the apartments and offer residents a calm, contemplative living space, in contrast to the noise and bustle of the surrounding context. For the authors, "the objective, in this project of simplified ecology, is above all aesthetic". Fig. 15 NATURES INTERMÉDIAIRES. LANDSCAPES BY MICHEL DEVIGNE, Birkhäuser, Basel, Boston, Berlin, 2009, p. 149.

The outdoor landscaping of the courtyards in the Oassis district of Crissier is in keeping with the same spirit of symbiosis between architecture and landscaping, between nature and artifice. Designed and built by landscape architects approaches.sa as spaces for leisure and social interaction, they have common features but also distinct identities. The approach, while less "learned" and historical than in Paris, is characterized by a strong ecological flavor.

Each "garden courtyard" is landscaped with dry soil wildflower meadows, enhanced by predominantly indigenous trees and shrubs – including some fruit trees – that create shaded areas, reduce heat pockets and promote biodiversity. Particular attention has also been paid to water treatment and management: in addition to retention basins, a wetland collects rainwater in topographically defined zones that encourage plant growth and provide an amphibious environment for suitable species. Fig. 16

The natural ambiances vary according to the shape and size of the garden courtyards, the design of the play areas, the diversity of plant species... and last but not least, the color of the facade cladding. But what is sought above all is the establishment of thermal and acoustic comfort experienced from inside the dwellings and *in situ*, a feeling of being in a different world that "produces a sensation of calm and well-being, a readjustment of atmosphere.

Fig. 16 Approaches.sa, courtyard landscaping in the Oassis district.

Fig. 17 Le Corbusier, roof terrace of his apartment at 24 rue Nungesser-et-Coli (1931–34), Porte Molitor, Paris.

It gives the feeling of being away from a city with all its concrete, noise and activity, where everything is done in a hurry." Solène Marry (ed.), ADAPTATION AU CHANGEMENT CLIMATIQUE ET PROJET URBAIN, Éditions Parenthèses, Marseille, 2020, p. 117

Related links: on roofs

The final principle we'd like to focus on is the use of roofs. The widespread adoption of flat roofs from the beginning of the 20th century raised the question of their suitability, particularly for hygienic and therapeutic purposes. As we know, Le Corbusier made this one of the *5 points of a new architecture,* Le Corbusier, "Les 5 points d'une architecture nouvelle," in LE CORBUSIER ET PIERRE JEANNERET, L'ŒUVRE COMPLÈTE 1910–1929 (1929), Les Éditions d'Architecture, Zurich, 1964, pp. 128–129. advocating the systematic adoption of the "opulent terrace garden" – planted with flowers, shrubs, trees and lawns – as a vector of social, technical and, of course, aesthetic progress. Fig. 17

For Beatriz Colomina, "the roof terrace is an element of modern architecture that allows the outside to become an extension of the inside. Sanatoria at the turn of the century all had large terraces dedicated to cures, which modern architecture integrated into domestic homes to prevent illness. Curiously, physical exercise was also included, and many terraces were fitted out with all kinds of equipment, as shown in typical images of modern architecture." Stéphanie Savio, "Architecture under the X-ray. Interview with Beatriz Colomina," ESPAZIUM, Sept 9, 2020.

Nowadays, roof terraces are used more for fun and sharing – as places for pleasure, socializing and meeting, especially in urban centers. On the other hand, they are also used to support the current development of urban agriculture, both in the densely populated city and in suburban areas. Heirs to the allotments of past centuries and symbols of a new dialectic between town and country, these cultivations represent an effective way of greening spaces "where agriculture and nature regain their recreational and nourishing functions." Xavier Laureau, LES 101 MOTS DE L'AGRICULTURE URBAINE À L'USAGE DE TOUS, Archibooks + Sautereau Éditeur, Paris, 2016, p. 31.

As available soil at ground level becomes increasingly scarce, urban agriculture is developing on higher ground, taking over shared rooftops for the sustainable production of food for local residents. At Oassis, a large part of the roofs of the block's buildings has been given over to vegetable gardens – including some 600 m^2 of cultivation in tubs.

These roof terraces, with their breathtaking views of the lake and landscape, Managed by the Légumes Perchés collective with a view to production, socialization and awareness-raising. are home to communal growing spaces that help generate and enrich community life, creating a sense of belonging – a new kind of space, supporting alternative agricultural practices, that also testifies to the ability of neighborhoods and cities to reinvent themselves in the face of today's challenges.

A green city block

The last element we'd like to mention here is a large grassed public space located at the heart of the development, an area bordered by trees and dedicated to the residents' relaxation and leisure – this in response to one of the requests in the MEP specifications, which asked participants to assess the feasibility of a real, extensive, high-quality green space. Mandats d'Etude Parallèles LENTILLIÈRES, NORD-CRISSIER, UN QUARTIER CÔTÉ JARDINS, rapport du collège d'experts, Bureau du Schéma directeur de l'Ouest lausannois, Renens, January 2013, p. 10.

In the winning project, this space, "connected to the other landscape features and resonating with ground floor activities, is home to a public building with a multi-functional vocation....With its curved shape and glazed exterior, this pavilion accommodates functions relocated from other districts, such as the communal library and the Transit leisure center, as well as a new hundred-seat, multi-purpose public hall." Emmanuel Rey, "Synergies au service de la régénération urbaine. L'expérience du quartier Oassis à Crissier," CAHIERS D'ESPACE SUISSE – SECTION ROMANDE, no. 1, 2021, p. 23.

It's clear that the Oassis development's "inner world" is forging links with the outside world. Indeed, "by virtue of its role well beyond the boundaries of the development, this building is set to play an important role in socio-cultural interactions and associative activities, not only within the project, but also between this new part of town and the rest of the neighborhood." Ibidem, p. 24. The presence of community facilities again reminds us of certain Viennese *Höfe* of the

Fig. 18 Aedicula in the center of the courtyard of Karl Ehn's Karl-Marx-Hof (1927–30) in Vienna. Source: WStLA

1920s and 1930s, whose courtyards were also dotted with pavilions as epicenters of the residents' social lives. Fig. 18

"Vivre comme à la ville" (Living as in the city): diversity as a means of livening up public spaces

Nowadays, it's commonplace to consider that the notions of density and diversity go hand in hand, jointly generating the urbanity of neighborhoods and the intensification of social interactions among their inhabitants. At Oassis, the architects have developed several forms of diversity, both typological and sociological – through the inter-generational diversity of housing, the semi-open blocks, the seniors' residence with around a hundred adapted units and community spaces – as well as functional, through the presence of multiple commercial activities at the ground floor of the buildings.

According to the MEP panel of experts, "all of the outdoor communal spaces are judged to be of outstanding functional, socio-cultural and environmental quality... All of the ground floors adjacent to the square or the streets within the district, as well as those along the RC (Cantonal Routes) 179 and 82, are entirely given over to amenities, to local shops and services, or to administrative and commercial areas. The desire to spread these necessities of social life throughout the project adds real value to it, bringing this new district's public space to life." Mandats d'étude parallèles LENTILLIÈRES NORD-CRISSIER, UN QUARTIER CÔTÉ JARDINS, rapport du collège d'experts, Bureau du Schéma directeur de l'Ouest lausannois, Renens, January 2013, p. 38.

The other added value lies in the district's openness to the outside world, adding a touch of nuance and counterpoint to the "inner world" that underpins the architectural approach. The largely glazed metal facades on the ground floor create a form of transparency, luminosity and accessibility, while at the same time focusing the commercial displays toward the road, where their visibility is most effective.

These storefronts are signs of a new urbanity and of activity that extends to the existing and future neighborhoods on the outskirts of Oassis. Lanes lit by suspended lights, punctuated by planted containers comprising a low perennial stratum and a shrub stratum, guide visitors towards the building complex's heart and the grassed central park. Opposite the latter, a series of restaurants is located at the block's ground level, their terraces extending onto an esplanade.

Habitability of the domestic spaces

"The form of the building, the materials used and the design details are by no means determined solely by the rules of ecological construction." Benedikt Loderer, "The State of the Bauart," op. cit., p. 10. In general, when starting a project, Bauart's architects establish preliminary urban planning and architectural options before delving deeper, in a dynamic of integration and interdisciplinary openness, in search of the most appropriate technical solutions. Drawing upon extensive experience in sustainable architecture, this iterative, targeted approach maintains spatial and expressive coherence, while aiming for high performance in environmental, energy, climatic and other aspects.

Consideration of the sustainability of these homes goes beyond ecological issues alone, also taking the diversity of typologies into account in order to meet the expectations of residents and the different types of households, now made up of traditional, blended, multi-generational and shared families, among others. This diversity translates into variations in both the size (ranging from studios to five-room apartments) and the specific configuration of the units.

At Oassis, the angled buildings that define the blocks have different distributions and depths: those on the edge of the site are relatively shallow (around ten meters). Vertical circulation cores (elevators and two-flight staircases), spaced along the facade that is most exposed to noise, serve two "railroad" (full-depth) apartments per landing and one rear apartment between them that gives onto the courtyard garden.

In contrast, the buildings bordering the courtyards to the west and south, where they are less exposed to noise pollution, are deeper. The circulation cores are centrally located, comprising elevators and single-flight staircases that serve four residential units per landing. These consist of two apartments facing front and rear respectively, flanked by a railroad apartment on either side.

Three layouts

This differentiation in morphologies, solar orientations and environmental exposure will have an impact on the configuration of homes and the organization of domestic spaces. It's worth noting, however, that architects often prefer to use a floor plan without corridors, which is considered highly efficient both functionally and economically, particularly in terms of floor space. With that in mind, one can distinguish three different apartment layouts within the block.

The first represents the *duality* of collective and intimate spaces: living rooms, associated with kitchens and extended by balconies systematically oriented towards courtyard gardens, are in this case separated by a small space from the bedrooms. The latter form a continuous strip along the facades exposed to higher noise levels. This type of layout is predominantly found in the shallow buildings.

A second layout focuses on depth: in these cases, the open kitchen, centrally located and close to the entrance, opens laterally onto the living area, whose longitudinal dimension is extended, through a double door, by a room facing the courtyard. This arrangement – which Bauart had previously experimented with in the Ecoparc district of Neuchâtel – gives the apartments in the deeper buildings a wide spatial scope, while at the same time providing them with differentiated design potential.

See QUARTIER ECOPARC BAUART#2, Birkhäuser, Basel, Boston, Berlin, 2009.

Finally, other dwellings are characterized by the *centrality* of their living room, conceived as a central room that commands all adjacent rooms – a device inherited from the Germanic tradition and known as *Diele*. On DIELE, see Bruno Marchand, Alexandre Aviolat, Logements en devenir, cahier de théorie, no. 12, PPUR, Lausanne, 2015, pp. 39-40. In this third layout, the perception of the extent of this space is intensified by the visual relationships it maintains with the open kitchen, set into the back wall, and with the exterior via the balconies.

"Furnished kitchens"

Architects frequently use sliding partitions or double doors (which, in bourgeois housing, were used to create suites of rooms) to de-compartmentalize spaces and give them an ambivalent character, at once enclosed and open, intimate and collective. This belongs to a soft, non-radical form of innovation, which advocates reintroducing and updating traditional devices of known effectiveness.

It's a flexible, multi-purpose form of housing that can be adapted to the specific needs of its occupants through simple, low-key architectural and construction features. At Oassis, as at Ecoparc, "spaces with larger-than-usual doors (sliding or double-leaf) make it possible to use certain rooms as regular bedrooms, guest rooms, offices or simply as extensions of the living room." www.quartierecoparc.ch, USE IT practical guide, comfort/flexibility chapter.

In a similar vein, we'd also like to mention the notion of furniture that characterizes the configuration and expression of most kitchens, often designed as a niche, open or contained within the space; these are "furnished kitchens" that are an integral part of the living room. There's a definite economic advantage to this arrangement, as the kitchen area is combined with that of the living room, creating an amplified space. At the same time, it requires constant attention to cleaning and maintenance, given its visibility and the disorder inherent in the practice of cooking.

Nonetheless, for many residents this type of kitchen has undeniable qualities, as "the openness makes it 'noble', shows it off, asserts itself in the reception space that is the living room." Monique Eleb, Philippe Simon, BETWEEN COMFORT, DESIRE AND STANDARDS. LE LOGEMENT CONTEMPORAIN 1995-2012, Éditions Mardaga, Brussels, 2013, p. 225
Last but not least, we can see in this the idea put forward in the 1950s by Le Corbusier, in a discourse at once essential

and archaic on the unifying role of fire and the hearth (where the family gathers): "the room is a kitchen and vice versa: the kitchen is a room." Le Corbusier, "La liberté première individuelle, " HABITATION, no. 11, 1950, pp. 13-14.

In unity... contrasting forms and materials

The architectural form of semi-open blocks follows a precise logic: the outer perimeter, facing both the main traffic arteries and the neighborhood's public spaces, displays a certain solidity and apparent weight; in contrast, the facades overlooking the inner courtyards feature lightweight metal cladding in a variety of textures and shades (copper, gold and bronze) with different treatment for each block.

In these opposing languages, we can see Bauart's desire to reintroduce into the neighborhood the experience of the multiplicity of urban situations that, as a matter of principle, architecture should reflect. In the traditional city, it is common for facades facing the public domain to make a greater visual impression, while courtyard forms are more restrained and "ordinary," in keeping with more everyday, domestic uses.

At Oassis, the facades on the outside of the blocks are made up of prefabricated concrete panels, giving an impression of solidity and permanence. This choice of material certainly echoes the idea, expressed by Hans Kollhoff, that "the substance of the city, if it is to go down in history, must be able to endure over time; it must therefore 'weigh its weight'." Marianne Brausch, Marc Emery, L'ARCHITECTURE EN QUESTION: 15 ENTRETIENS AVEC DES ARCHITECTES, Le Moniteur, Paris, 1996, p. 101. To this incitement to permanence, in the sense of the long urban time frame, we could add the idea, mentioned at the beginning of this essay, of resilience to a noisy, hectic suburban environment.

The modelling of the facade develops from a play of alternating and offset sections with three different surface treatments: smooth, heavily sandblasted, and lightly sandblasted. The overall composition is based on the assembly of prefabricated concrete elements of varying dimensions, framing loggias and vertical windows with vertically arranged metal railings. These openings, made in three different widths, are often staggered, creating a resonance across the mineral surfaces.

On the courtyard side, most of the residential units are extended by projecting balconies, reminding us that the quality of sustainable housing also comes from the richness of its exterior extensions. Of a given size and dimensioned to allow several types of use, these elements are also the object of a sophisticated play of forms; often offset from one another, they adopt, depending on the courtyard, multiple shapes, from L to U, throughout the balcony's projection.

Yet this assertive architectural rhetoric is a far cry from the restrained, everyday expressions of the traditional city mentioned above. Here the emphasis suggests a contemporary challenge; indeed, one can subscribe to the idea that "the desire to create blocks with distinct identities echoes the highly disparate suburban environment and, in a way, restores the complexity that characterizes this district, which is supposed to aggregate most of the functions of urban life: housing, work, restaurants, services and leisure."
Christophe Catsaros, "De l'urbanité au cœur de la non-ville périphérique," ARCHISTORM, no. 109, 2021, p. 156.

With its singular logic of complex yet subtle hybrid forms, the Oassis district meets the challenge inherent in the contemporary creation of a new suburban district. It has succeeded in creating a genuine living space, weaving cultural links with age-old urban values, while integrating a number of key issues linked to ecological transition.

Regards croisés

Pour cette dernière partie de l'ouvrage, une carte blanche a été donnée au photographe Beat Schweizer, reconnu et apprécié pour son regard personnel sur le monde, du cœur de la capitale fédérale jusqu'aux contrées septentrionales de la Sibérie.

Deux ans après la remise des clés, dans un contexte singulièrement marqué par les affres de la pandémie, l'idée est de pouvoir ressentir ici la manière dont le quartier Oassis est approprié par de multiples usages et comment les diverses pratiques de la vie quotidienne y trouvent progressivement leur place.

Captées sur le vif, les diverses scènes se déroulent du matin jusqu'au soir. Au-delà de l'architecture, ces multiples clichés permettent de percevoir la richesse socioculturelle des lieux, de l'espace public jusqu'aux jardins potagers en toiture, de la crèche pour enfants jusqu'à la résidence senior, de l'épicerie de quartier jusqu'au restaurant, du fitness jusqu'à la bibliothèque municipale.

Cross views

For this final part of the book, carte blanche was given to Beat Schweizer, a photographer renowned and appreciated for his personal view of the world, from the heart of the Swiss capital to the northern reaches of Siberia.

Two years after the handover of the keys, in a context singularly marked by the throes of the pandemic, the idea here is to get a feel for how the Oassis district is being used in many different ways, and how the various aspects of everyday life are gradually finding their place.

Captured on the spot from morning to night, these scenes go beyond the architecture. The wide variety of images reflects the socio-cultural richness of the location, from the public space to the roof gardens, from the children's crèche to the senior citizens' residence, from the local grocery store to the restaurant, and from the fitness center to the municipal library.

7b
Tout est dans
la garniture!

THE
GREEN VAN
COMPANY

36

5g

ibis

PubliBike

GEOLOGIC BT-700-US

P.-A. CHAPPUIS CRISSIER SA
restoshop
restoshop
restoshop

Données principales

Repères temporels

Acquisition du terrain	2011
Mandat d'études parallèles	2012–2013
Plan de quartier	2013–2015
Conception architecturale	2015–2018
Réalisation	2017–2021

Localisation
Chemin des Lentillières, Crissier, Vaud, Suisse

Bien-fonds
Parcelles
685, 2294, 2365
Environ 36 600 m² de superficie au total

Programme
Surface de plancher
Environ 64 800 m² de surface brute de plancher
Affectations
- Trois îlots mixtes (A, B, C) totalisant 454 appartements en location (1,5 à 4,5 pièces), 56 appartements en propriété par étages (unités PPE de 2,5 à 4,5 pièces), 100 appartements pour seniors (2,5 à 3,5 pièces) et 39 espaces d'activités (restaurants, commerces de proximité, centre médical, fitness, crèche)
- Un pôle tertiaire (D) regroupant divers espaces administratifs autour d'un atrium central
- Un pavillon communal (E), espace multifonctionnel au cœur du parc public qui regroupe la bibliothèque communale, le centre de loisirs Transit et une salle polyvalente

Durabilité
Densité
- Indice d'utilisation du sol de 1,77
- Densité humaine d'env. 300 habitant + emploi / hectare
- Environ 800 à 1000 habitants et 300 emplois

Mixité
- Mixité fonctionnelle, socio-culturelle et intergénérationnelle
- Liens socioculturels favorisés par les espaces publics et communautaires

Mobilité
- Desserte par la ligne BHNS (bus à haut niveau de service) Lutry – Bussigny.
- Desserte par la ligne de bus TL 36 Gare de Renens – MMM Crissier.
- Réseau de mobilité douce (piétons et vélos).
- Station vélo en libre-service (Publi-bike).

Chaleur
Chauffage à distance Cricad 100 % renouvelable par biomasse (déchets de bois).
Electricité
- Création d'un microgrid de quartier (micro-réseau privé d'électricité) en collaboration avec Romande Energie.
- Toiture solaire d'env. 1650 panneaux photovoltaïques (environ 2600 m²).
- Production annuelle d'env. 493 500 kWh.

Eaux pluviales
Gestion écologique des eaux pluviales (infiltration directe, rétention par toitures extensives et noues d'orages).
Espaces verts
- Parc public arborisé (pleine terre)
- Trois cours-jardins arborisés (pleine terre)
- Toiture verte extensive
- Jardins potagers en toiture (env. 600 m²)

Labélisation
- Plan de quartier évalué avec Boussole 21
- Label Minergie (A, B, C, D, E)
- Label BREEAM Very good (D)

Repères bibliographiques

- Hans-Georg Baechtold, « Des projets porteurs d'avenir ». Cahier thématique Hochparterre « Se loger dans la Suisse à 10 millions », mars 2021, 18–19.
- Christophe Catsaros, « De l'urbanité au cœur de la non-ville périphérique ». Archistorm, 2021, 109, 52–58.
- Luis Loureiro Castanheira, « Environmentally friendly housing complex, Crissier ». A10 new European architecture, 2013, 51, 16.
- Emmanuel Rey, « Synergies au service de la régénération urbaine ». Les Cahiers d'EspaceSuisse – Section romande, 2021, 1, 22–25.
- Emmanuel Rey, Willi Frei, « Générer de nouvelles polarités urbaines ». Les Cahiers de l'Aspan - Section romande, 2017, 2, 10–15.
- Emmanuel Rey, Yorick Ringeisen, « Ein urbanes Pol aus fünf Inseln. Un pôle urbain composé de cinq îlots. Cinque isole per un polo urbano ». Cahier spécial TEC21 Tracés | Archi, 2020, 3, 30–33

Main data

Milestones

Land acquisition	2011
Parallel studies	2012–2013
District planning	2013–2015
Architectural design	2015–2018
Construction	2017–2021

Location
Chemin des Lentillières, Crissier, Vaud, Switzerland

Property
Plots
685, 2'294, 2'365
Approx. 36'600m² total surface area

Program
Floor area
Approx. 64'800m² gross floor area
Uses
- Three mixed-use blocks (A, B, C) with a total of 454 rental apartments (1.5 to 4.5 rooms), 56 condominium apartments (2.5 to 4.5 rooms), 100 apartments for senior citizens (2.5 to 3.5 rooms) and 39 activity areas (restaurants, convenience stores, medical center, fitness center, daycare center)
- A services cluster (D) grouping various administrative spaces around a central atrium
- A communal pavilion (E), a multifunctional space at the heart of the public park, housing the communal library, the Transit leisure center and a multi-purpose hall

Sustainability
Density
- Land use index of 1.77
- Human density Approx. 300 inhabitants + jobs / hectare
- Approx. 800 to 1000 inhabitants and 300 jobs

Mixed use
- Functional, sociocultural and inter-generational mix
- Sociocultural links encouraged by public and community spaces

Mobility
- Served by the BHNS (Bus à haut niveau de service) public transport service, Lutry - Bussigny and the TL 36 bus service from Renens station to MMM Crissier.
- Sustainable mobility network (pedestrians and bicycles).
- Self-service bicycle station (Publi-bike).

Heating
Cricad district heating, 100% renewable biomass (wood waste)
Electricity
- Creation of a neighborhood microgrid (private electricity microgrid) in collaboration with Romande Energie.
- Solar roof with approx. 1,650 photovoltaic panels (approx. 2,600 m²).
- Annual production approx. 493,500 kWh.

Rainwater
Ecological storm-water management (direct infiltration, extensive roof retention and storm-water channels)
Green spaces
- Public park with trees (open ground).
- Three tree-lined courtyard-gardens (open ground).
- Extensive roof vegetation complete with vegetable gardens (approx. 600 m²)

Certification
- Neighborhood Plan evaluated according to Boussole 21.
- Minergie certificate: (A, B, C, D, E).
- BREEAM Certificate: Very good (D)

Bibliography

- Hans-Georg Baechtold, « Des projets porteurs d'avenir ». Cahier thématique Hochparterre « Se loger dans la Suisse à 10 millions », mars 2021, 18–19.
- Christophe Catsaros, « De l'urbanité au cœur de la non-ville périphérique ». Archistorm, 2021, 109, 52–58.
- Luis Loureiro Castanheira, « Environmentally friendly housing complex, Crissier ». A10 new European architecture, 2013, 51, 16.
- Emmanuel Rey, « Synergies au service de la régénération urbaine ». Les Cahiers d'EspaceSuisse - Section romande, 2021, 1, 22–25.
- Emmanuel Rey, Willi Frei, « Générer de nouvelles polarités urbaines ». Les Cahiers de l'Aspan – Section romande, 2017, 2, 10–15.
- Emmanuel Rey, Yorick Ringeisen, « Ein urbanes Pol aus fünf Inseln. Un pôle urbain composé de cinq îlots. Cinque isole per un polo urbano ». Cahier spécial TEC21 Tracés | Archi, 2020, 3, 30–33

Participants

Remerciements
Le bureau Bauart tient à remercier ici l'ensemble des acteurs prépondérants ayant œuvré à la réalisation du quartier OASSIS, en particulier les propriétaires fonciers, les maîtres d'ouvrage, les autorités et services cantonaux et communaux, ainsi que les différents bureaux d'urbanistes, d'architectes et d'ingénieurs et les multiples entreprises de construction. Cette réalisation n'aurait en particulier pas été possible sans l'engagement convergent des principaux partenaires du projet pendant une dizaine d'années : le maître d'ouvrage Patrimonium, la Commune de Crissier, l'entreprise totale Losinger Marrazzi et les équipes de Bauart et KCAP.

Mandats d'étude parallèles (2012–2013)
Collège d'experts
Ariane Widmer (présidente), Christian Exquis
Pierre Feddersen, Claude Penseyres
Marco Rampini, Carmelo Stendardo
Yvon Allain, Stéphane Bonvin
Catherine Dubey, Jacques Liaudet
Michel Tendon, Stéphane Rezso.
Participants au 1er degré
- BABL Bakker & Blanc, Lausanne
- Bauart, Berne, Neuchâtel, Zurich
- Farra & Zoumboulakis, Lausanne
- KCAP, Rotterdam, Zurich
- Tribu architecture, Lausanne

Participants au 2e degré
- Bauart, Berne, Neuchâtel, Zurich
- Farra & Zoumboulakis, Lausanne
- KCAP, Rotterdam, Zurich

Projet lauréat
Projet « Côté jardins », Bauart, Berne, Neuchâtel, Zurich en collaboration avec Sorane, Lausanne (concept énergétique), PPlus, Neuchâtel (concept acoustique) et Hüsler et associés, Lausanne (concept paysager). Mandat partiel à KCAP, Rotterdam, Zurich.

Plan de quartier (2013–2015)
Auteurs
Plarel, Lausanne, en collaboration avec Bauart, Berne, Neuchâtel, Zurich (masterplan, charte architecturale), Transitec, Lausanne (mobilité) et Ecoscan, Lausanne (environnement)

Conception et réalisation (2015–2021)
Maîtres de l'ouvrage
Patrimonium, Crissier (A, B, C, D)
Commune de Crissier (E)
Entreprise totale
Losinger Marazzi, Crissier (A, B, C, D)
Masterplan
Bauart, Berne, Neuchâtel, Zurich
Architectes
Bauart, Berne, Neuchâtel, Zurich
(Unités A, B, D, E)
Associés : Willi Frei, Raffael Graf
Stefan Graf, Peter C. Jakob, Emmanuel Rey
Yorick Ringeisen, Marco Ryter
Concours : Léonie Ruchet (cheffe de projet), Luis Loureiro Castanheiro
Johann Gattoni, Manuel Huber, Luis Leal
Tharcheka Nadarajah, Catherine Seiler
Nikolaos Sofras
Projet : Reto Sulzer (chef de projet)
Perrine Willich (cheffe de projet)
Angela Adam, Adélie Aeberhard
Marine Baerfuss, Loïc Bernet, Serge Bürki
Loris Duc, Micky Gerardi, Miguel Gomez
Manuel Huber, Yanick Jolliet
Jonathan Mabillard, Kelly Manas, Toni Matti
Isabella Merz, Adjin Mujic
Susana Duarte Raposo, Alois Rosenfeld
Léonie Ruchet, Thomas Schmid
Egzon Shehi, Darielle Sossou
Bernard Valette, Fabio Imthon Zweifel

KCAP, Rotterdam, Zurich
Associés : Xavier Blaringhem
Kees Christiaanse, Jeroen Dirckx
Ruurd Gietema, Anouk Kuitenbrouwer
Ute Schneider, Edward Schuurmans
Irma van Oort
Partenaire : Anouk Kuitenbrouwer
Concours : Filippo Santoni,
Celine Martinez-Canavate
Projet : Pablo Rica, Poppy Floyd
Elena Carcelen, Filippo Santoni
Arnaud Filhol, Anna Marshall, Reinis Salins
Aleksander Lalovic, Pablo Cueto

Direction de travaux
MS8, St-Légier-La Chiésaz (E)
Architecte-paysagiste
Hüsler et associés, Lausanne
Ingénieurs civils
MP ingénieurs conseils, Crissier
CSD Ingénieurs, Lausanne, sd ingénierie, Lausanne
Ingénieurs CVSE
Technoservice Engineering SA, Fribourg, DSSA Ingénieurs Conseils SA, Plan-les-Ouates, Planair, La Sagne (E), Betelec, Villars-Ste-Croix (E)

Spécialistes
Géotechnique
Groupement Géolosanne
Karakas et Français SA, Lausanne
De Cérenville géotechnique SA, Ecublens
Géomètre
Bureau d'études Rossier SA, Aubonne
Ingénieur en environnement
Ecoscan, Lausanne
Ingénieur en mobilité
Transitec, Lausanne

Participants

Acknowledgments
Bauart would like to take this opportunity to thank all the key players involved in bringing the OASSIS neighborhood to fruition, in particular the landowners, project owners, cantonal and municipal authorities and departments, as well as the various urban planning, architectural and engineering firms, and construction companies. In particular, this achievement would not have been possible without the convergent commitment of the project's main partners over a period of ten years: the client Patrimonium, the Commune de Crissier, the main contractor Losinger Marrazzi and the teams from Bauart and KCAP.

Parallel study mandates (2012–2013)
College of experts
Ariane Widmer (présidente), Christian Exquis
Pierre Feddersen, Claude Penseyres
Marco Rampini, Carmelo Stendardo
Yvon Allain, Stéphane Bonvin
Catherine Dubey, Jacques Liaudet
Michel Tendon, Stéphane Rezso.
1st degree participants
- BABL Bakker & Blanc, Lausanne
- Bauart, Bern, Neuchâtel, Zurich
- Farra & Zoumboulakis, Lausanne
- KCAP, Rotterdam, Zurich
- Tribu architecture, Lausanne

2nd degree participants
- Bauart, Bern, Neuchâtel, Zurich
- Farra & Zoumboulakis, Lausanne
- KCAP, Rotterdam, Zurich

Winning project:
"Côté jardins" project, Bauart, Bern, Neuchâtel, Zurich in collaboration with Sorane, Lausanne (energy concept), PPlus, Neuchâtel (acoustic concept) and Hüsler et associés, Lausanne (landscape concept). Partial mandate to KCAP, Rotterdam, Zurich.

Neighborhood plan (2013–2015)
Authors
Plarel, Lausanne, in collaboration with Bauart, Berne, Neuchâtel, Zurich (masterplan, architectural charter), Transitec, Lausanne (mobility) and Ecoscan, Lausanne (environment).

Design and implementation (2015–2021)
Owner
Patrimonium, Crissier (A, B, C, D)
Municipality of Crissier (E)
Main contractor
Losinger Marazzi, Crissier (A, B, C, D)
Masterplan
Bauart, Bern, Neuchâtel, Zurich
Architects
Bauart, Bern, Neuchâtel, Zurich
(Units A, B, D, E)
Partners: Willi Frei, Raffael Graf, Stefan Graf, Peter C. Jakob, Emmanuel Rey, Yorick Ringeisen, Marco Ryter
Competition: Léonie Ruchet (project manager), Luis Loureiro Castanheiro, Johann Gattoni, Manuel Huber, Luis Leal, Tharcheka Nadarajah, Catherine Seiler, Nikolaos Sofras
Project : Reto Sulzer (project manager), Perrine Willich (project manager)
Angela Adam, Adélie Aeberhard
Marine Baerfuss, Loïc Bernet, Serge Bürki
Loris Duc, Micky Gerardi, Miguel Gomez
Manuel Huber, Yanick Jolliet
Jonathan Mabillard, Kelly Manas, Toni Matti
Isabella Merz, Adjin Mujic
Susana Duarte Raposo, Alois Rosenfeld
Léonie Ruchet, Thomas Schmid
Egzon Shehi, Darielle Sossou
Bernard Valette, Fabio Imthon Zweifel

KCAP, Rotterdam, Zurich
Associates: Xavier Blaringhem
Kees Christiaanse, Jeroen Dirckx
Ruurd Gietema, Anouk Kuitenbrouwer
Ute Schneider, Edward Schuurmans
Irma van Oort
Partner: Anouk Kuitenbrouwer
Competition: Filippo Santoni,
Celine Martinez-Canavate
Project: Pablo Rica, Poppy Floyd
Elena Carcelen, Filippo Santoni
Arnaud Filhol, Anna Marshall, Reinis Salins
Aleksander Lalovic, Pablo Cueto

Construction management
MS8, St-Légier-La Chiésaz (E)
Landscape architect
Hüsler et associés, Lausanne
Civil engineers
MP ingénieurs conseils, Crissier
CSD Ingénieurs, Lausanne, sd ingénierie, Lausanne
CVSE engineers
(Heating, ventilation, sanitation, electricity) to be completed
HVAC engineers
Technoservice Engineering SA, Fribourg, DSSA Ingénieurs Conseils SA, Plan-les-Ouates, Planair, La Sagne (E), Betelec, Villars-Ste-Croix (E)

Specialists
Geotechnics
Group Géolosanne
Karakas and Français SA, Lausanne
De Cérenville géotechnique SA, Ecublens
Surveyor
Bureau d'études Rossier SA, Aubonne
Environmental engineer
Ecoscan, Lausanne
Mobility engineer
Transitec, Lausanne

Colophon

Conception de l'ouvrage
Emmanuel Rey, Ariane Wavre, Bauart
& Chris Gautschi Graphic & Editorial design

Coordination
Ariane Wavre, Bauart

Traductions
Français vers Anglais
Richard Palmer

Relecture
Français : François Mortier
Anglais : Richard Toovey

Correction
François Mortier

Données historiques
Nadja Maillard

Conception graphique et mise en page
Chris Gautschi Graphic & Editorial design

Conception et graphisme des infographies
pp. 26–27 | p. 28 | pp. 30–31, p. 34
p. 75 | pp. 84–85 | pp. 86–87
Chris Gautschi Graphic & Editorial design

Plans
Bauart

Photographies
Pages de garde | pp. 72–73
Tonatiuh Ambrosetti
pp. 18 | pp. 88–89 | pp. 92–93 | p. 95
p. 101 | pp. 102–103 | p. 109 | pp. 110–111
p. 113 | p. 119 | pp. 120–121 | pp. 124–125
p. 127 | pp. 128–129
Yves André
pp. 160–183
Beat Schweizer

Crédits images
pp. 12–13
André Locher
p. 14 | p. 17
Swisstopo
p. 19
Feddersen & Klostermann
pp. 20–25
Bauart
pp. 26–27
Infographie d'après Sorane
p. 28
Infographie d'après PPlus
p. 29
Plarel
pp. 30–31
Infographies d'après Bauart
pp. 32–33
Bauart
p. 34
Infographie d'après Bauart
p. 35
Bauart
p. 36
Hüsler & Associés SA
p. 37
T. ingénierie SA | Pierre-Alain Dupraz Architectes
pp. 38–39
Bauart
pp. 40–41
Tom Doan
p. 60 | p. 146
Fig. 12 Maurice Braillard, Louis Vial, Montchoisy, vue de l'intérieur du square, 1929, photo Boissonnas, Fondation Braillard Architectes.
p. 62 | p. 148
Fig. 15 © Michel Desvigne Paysagiste
p. 63 | p. 149
Fig. 17 © F.L.C. | 2023, ProLitteris, Zurich
p. 65 | p. 161
Fig. 18 WStLA, Fotoarchiv Gerlach, FC1: 2774M

Police de caractère
Antarctica | Ian Party ©Newglyph
Aloha | Ian Party ©Newglyph

Papier
Peylin Glatt 135 g | Peyer
Pergraphica® Classic Rough 120 gr. | Antalis

MIX
Paper | Supporting responsible forestry
FSC® C100411

Production
Anja Haering

Retouches des images
DZA Druckerei zu Altenburg GmbH

Impression
DZA Druckerei zu Altenburg GmbH

Reliure
DZA Druckerei zu Altenburg GmbH

Library of Congress Control Number
2024937466

Information bibliographique de la Deutsche Nationalbibliothek La Deutsche Nationalbibliothek a répertorié cette publication dans la Deutsche Nationalbibliografie ; les données bibliographiques détaillées peuvent être consultées sur Internet à l'adresse : http://dnb.dnb.de/"http://dnb.dnb.de.

ISBN 978-3-0356-2541-7
e-ISBN (PDF) 978-3-0356-2543-1

9 8 7 6 5 4 3 2 1

www.birkhauser.com

Colophon

Book concept
Emmanuel Rey, Ariane Wavre, Bauart
& Chris Gautschi Graphic & Editorial design

Coordination
Ariane Wavre, Bauart

Translations
French into English
Richard Palmer

Copy editing
French: François Mortier
English: Richard Toovey

Proofreading
François Mortier

Historical data
Nadja Maillard

Design and typesetting
Chris Gautschi Graphic & Editorial design

Infographics concept and design
Chris Gautschi Graphic & Editorial design

Plan drawings
Bauart

Photographies
Endpapers | pp. 72–73
Tonatiuh Ambrosetti
p. 18 | pp. 88–89 | pp. 92–93 | p. 95
pp. 101 | pp. 102–103 | pp. 109
pp. 110–111 | p. 113 | pp. 119 | pp. 120–121
pp. 124–125 | p. 127 | pp. 128–129
Yves André
pp. 160–183
Beat Schweizer

Images credits
pp. 12–13
André Locher
p. 14 | p. 17
Swisstopo
p. 19
Feddersen & Klostermann
pp. 20–25
Bauart
pp. 26–27
Infographie d'après Sorane
p. 28
Infographie d'après PPlus
p. 29
Plarel
pp. 30–31
Infographies d'après Bauart
pp. 32–33
Bauart
p. 34
Infographie d'après Bauart
p. 35
Bauart
p. 36
Hüsler & Associés SA
p. 37
T. ingénierie SA | Pierre-Alain Dupraz Architectes
pp. 38–39
Bauart
pp. 40–41
Tom Doan
p. 60 | p. 146
Fig. 12 Maurice Braillard, Louis Vial, Montchoisy, vue de l'intérieur du square, 1929, photo Boissonnas, Fondation Braillard Architectes.
p. 62 | p. 148
Fig. 15 © Michel Desvigne Paysagiste
p. 63 | p. 149
Fig. 17 © F.L.C. | 2023, ProLitteris, Zurich
p. 65 | p. 161
Fig. 18 WStLA, Fotoarchiv Gerlach, FC1: 2774M

Fonts
Antarctica | Ian Party ©Newglyph
Aloha | Ian Party ©Newglyph

Paper
Peylin Glatt 135 gr. | Peyer
Pergraphica® Classic Rough 120 gr. | Antalis

MIX
Paper | Supporting responsible forestry
FSC® C100411

Production
Anja Haering

Image processing
DZA Druckerei zu Altenburg GmbH

Printing
DZA Druckerei zu Altenburg GmbH

Binding
DZA Druckerei zu Altenburg GmbH

Library of Congress Control Number
2024937466

Bibliographic information published by the German National Library The German National Library lists this publication in the Deutsche Nationalbibliografie; detailed bibliographic data are available on the Internet at http://dnb.dnb.de/"http://dnb.dnb.de.

ISBN 978-3-0356-2541-7
e-ISBN (PDF) 978-3-0356-2543-1

9 8 7 6 5 4 3 2 1

www.birkhauser.com